顕示的消費と競争回避財の役割

濱田 高彰

三菱経済研究所

はじめに

　人には，他人から観察可能な財の購入を通して，自身の財力や社会的ステータスを誇示する性質がある．こうした動機に基づく人々の消費行動は，「顕示的消費」 (conspicuous consumption) と呼ばれる (Veblen, 1899)．例えば高級腕時計や高級車，ブランド品の所有など，我々の身の回りには，顕示的消費と捉えられる消費行動が数多く存在している．本書では，ステータスを誇示するために消費される財のことを，「顕示財」と呼ぶ．

　顕示的消費は，人々の財への好みや利便性などに起因する内発的動機 (intrinsic motivation) ではなく，社会的な立場や見栄，競い合いなど，「他者の存在」が引き起こす外発的動機 (extrinsic motivation) に基づいている．こうした顕示的消費の特徴によって，自身の消費行動は，他者の行動に左右されることになる．周りの人々が高級品を所有するがゆえに，自分も合わせて購入するといった例は想像に難くない．こうした環境下では，顕示的消費競争の激化に伴い，顕示財への支出が増加し，内発的動機による消費が縮小していく．この時，人々の消費行動は，他者を気にしなければ選択したはずの行動と大きくかけ離れたものとなる．

　社会的ステータスを追求することには，当然ながらプラスの側面がある．他者から承認されるために努力をし，他者との関わりの中で自己実現を果たしていくことは，我々の人生を豊かにする一因であろう．一方で，例えばインターネット上では，「SNS 疲れ」や「マウンティング」といった言葉が，人々の負の感情とともに多用されている．行き過

ぎたステータス競争が，多くの人々を疲弊させていることもまた事実であろう．顕示的消費は，古くから研究されてきたテーマだ．しかし，SNS の発達に伴い，他者との繋がりが急速に身近になった今だからこそ，こうした消費行動がもたらす社会的便益やコストについて，改めて理解を深める必要があると考える．顕示的消費は，今こそ真剣に向き合わねばならないテーマなのではなかろうか．

顕示的消費競争と競争回避財の性質

　本書は，顕示的消費競争のもたらす負の側面に注目し，人々の競争回避のインセンティブについて，経済理論を用いた分析を行う．顕示的消費競争においては，顕示財購入量の減少が社会的ステータスの低下を招く．一度競争に参加してしまえば，ステータスの低下を避けるべく，人々は顕示財水準を維持しようとする．一方，ある性質を持つ財を保有することで，社会的ステータスを維持しつつ，顕示財の購入を回避することが可能となる．本書では，そのような財を「競争回避財」と呼ぶ．
　例えば，高級腕時計競争における「アップルウォッチ」の位置付けを考えてみよう．アップルウォッチとは，単なる腕時計ではなく，メールの通知機能や簡単な支払い，健康チェック機能などが備わった，多機能性腕時計である．アップルウォッチについて，以下の興味深いツイートが存在している．

　「*AppleWatch* してればビジネスシーンにおける高級腕時計マウンティング大会から問題なく降りることが可能になるので，*AppleWatch* は猛烈に激安」という視点，ぜんぜんなかったけど言われてみたら一理あるな[1]

---

[1] 2018 年 9 月 17 日 fumiyas@fumiyas さんによるツイート

このツイートは，2.2 万回以上の「いいね」を獲得し，「リツイート」が 9 千回を超えている．また，同義のツイートが多数存在していることからも，アップルウォッチにおける競争回避機能に対し，多くの人々が共感を示していることが窺える．高級腕時計の購入競争においては，安価な腕時計の購入がステータスを減少させてしまう一方，アップルウォッチを購入することで，ある種の「言い訳」が可能になる．「その優れた機能性ゆえに利用しているのであって，高級腕時計が買えなかったわけではない」というものだ．アップルウォッチは比較的安価であるが，購入者が機能性を重視した可能性がある以上，他者はその購入者が高所得者層である可能性を排除できないため，直ちに「低所得者層だ」というレッテルを貼ることはない．つまり，アップルウォッチの購入によって，たとえ高級腕時計を購入しなくとも，社会的ステータスが大きく低下することがないため，高級腕時計競争を回避することが可能となる．上記ツイートにおける，「問題なく」という言葉は，「社会的ステータスを下げることなく」と解釈できるだろう．[2]

アップルウォッチの他には，どのような財が競争回避財の候補に挙がるだろうか．例えば，高級車購入競争における「プリウス」だ．プリウスの購入は，「環境に対する配慮」を他者にアピールすることができる．多くの高所得者が環境に配慮する社会となれば，「高級車も購入可能だが，環境に配慮した車を選択した」という言い訳が説得力を持つ．その時，プリウスの所有には一定の社会的ステータスが付与されるだろう．他にも，巨大な空気清浄装置で集めた汚染物質の粒子から作られる，「スモッグ・フリー・リング」という指輪が存在している．[3]1 つのリングを作成する際には，1 千 m^3 の清浄な空気が作られると言

---

[2] スマートウォッチの中でも，例えばフィット・ビット (Fitbit) という運動や健康に特化した機能性腕時計が，主に米国で高い人気を誇っている．米国においては，アップルウォッチに並んで，フィット・ビットも競争回避財として機能している可能性がある．

[3] オランダ人のダーン・ローズガールデ氏によって発案されたものである．

われており，こうした指輪が「環境に対する意識」の高い高所得者の間で普及すれば，競争回避財になりうる．

本書の流れと内容について

　ここまで見てきたように，競争回避財の候補は多数存在している．しかし一方で，上述した競争回避機能は，企業が消費者に対して明示的に提供するものではない．これらの財に備わっている何らかの特徴と，それを利用する人々の戦略的な意思決定の結果として，このような機能が財に付与されたと考えるべきだ．では，どのような性質の財に対し，どのような環境が整うことで，競争回避機能が生まれるのだろうか．本書では，こうした問いに答えるべく分析を進めていく．

　第1章では，基本モデルとして，顕示的消費競争に関する理論を紹介する．この章は，ゲーム理論，とりわけシグナリングゲームに関する基本概念の解説を含んでいる．モデルでは，顕示財の購入を通して，自身の財力（所得）が他者に伝達（シグナル）される状況を想定し，消費者は外発的動機に基づいて，社会的ステータスを高めるインセンティブを持つと仮定する．結果として，高所得者であるほど顕示財水準が高まるような状況が実現することを，理論的に明らかにする．

　第2章では，基本モデルを拡張し，ある財に「競争回避機能が付与されること」を示す．その上で，競争回避財が消費者の厚生に与える効果について考察していく．本書による分析は，ある財が競争回避財として機能するための，3つの重要な条件を提示している．まず1つ目は，低所得者，中所得者にとって，競争回避財が購入可能であることだ．価格が高すぎると，もはや競争回避の役割を持たないためである．2つ目は，競争回避財の機能や性質を好む「高所得者」が多数存在することだ．高所得者層がアップルウォッチを保有するからこそ，アッ

プルウォッチに一定の社会的ステータスが付与される．そして最後に，各個人の競争回避財への内発的な好みは，「自分にしか分からない情報」でなければならない点だ．つまり，競争回避財への選好に関する情報の非対称性が重要な意味を持つ．内発的動機によってアップルウォッチを選好しない人にとって，もしその事実が他者に認知されてしまえば，アップルウォッチを「言い訳」に競争を回避することはできない．他者にとって，「その人がアップルウォッチを真に好んでいるかが分からない」からこそ，「好んで競争回避財を購入する消費者」との見分けがつかず，言い訳が可能となるのだ．

　理論分析によって，競争回避財には，「ステータス維持（改善）効果」，「費用削減効果」，「競争緩和効果」の3つの効果が確認された．まず，ステータス維持（改善）効果と費用削減効果の両方を享受する人々の存在を示した．競争回避財を購入することで，社会的ステータスを下げることなく（改善した上で），顕示財競争を回避し，費用を節約することが可能となる人々だ．また，逆に支出を増やしてでも，ステータス改善効果を求めて競争回避財に需要を有する低所得者層の存在も確認された．さらに，競争回避財を購入せず，依然として顕示財競争を続ける高所得者層に対する，競争緩和効果も確認された．多くの消費者が競争回避財にシフトすることで，顕示財競争に残った人々にとっては，ライバルが減少し，シグナルのコストを抑えることが可能となる．競争回避財とは関わりのない所得層にも，間接的にその便益が及ぶ点は非常に面白い．競争回避財は，それを購入する一部の消費者のみならず，広範囲の所得層に便益をもたらす可能性がある．最後に，以上の効果を享受する各所得層においては，競争回避財の普及による厚生改善が確認された．理論分析を通して，競争回避財が社会厚生に与える正の効果を明らかにすることができた．

　主に以上の内容を，数式による経済理論の中で展開し，より深い考察を行った上で，政策的含意と今後の展望に繋げていく．

なぜ理論モデルか

　最後に，読者の中には「なぜわざわざ複雑な数式を利用する必要があるのか」と疑問に思う方もおられるだろう．確かに，現実のデータと言葉を用いた議論によって，有益な分析が可能となるかもしれない．一方，理論モデルにより現象を捉えることのメリットは，対象とする現象への理解が深まる点に加え，「イメージだけでは気づけない発見がある点」だと考えている．例えば本書においては，「顕示財競争からの回避」をテーマに構築した理論の中で，「競争回避財とは関わりを持たない高所得者層に，競争緩和効果が波及する」という，イメージだけでは気づきづらい結果を導くことができた．さらには，こうした意外な結果に対して，モデルがそのメカニズムを明確に示してくれる点が魅力的だ．こうした結果が新たな実証研究への課題を提示することもあるだろう．理論モデルを用いて，表面的な現象の背後に潜む，想像を超えた社会の真理を探求することは，非常に重要なことであり，何より面白い．今後も理論モデルを通して，微力ながら，社会にとって有益な示唆を多く生み出していきたい．

謝辞

　本書を執筆する過程で，多くの方々からのご支援とご協力を頂きました．東京大学経済学研究科の松島斉先生には，三菱経済研究所との縁を取り持って頂きました．また，三菱経済研究所の丸森康史副理事長，滝村竜介前常務理事，杉浦純一常務理事には，日々の研究活動をサポートして頂いたほか，本書に関わる現実例を数多くご教示頂きました．多様な現実例への気づきを与えて頂いた中で，共通する本質を深く考え，理論に反映させることができました．杉浦純一常務理事には，本書の内容を改善させる数多くの有益なコメントを頂きました．

　東京大学経済学研究科の松井彰彦先生には，修士課程の頃から指導にあたって頂き，この研究においても数多くのご指摘やアドバイスを頂きました．未熟な筆者に対して，いつも励ましのお言葉をかけてくださいました．

　最後に，笠松怜史さん，原朋弘さん，矢田紘平さんには，自身の研究で多忙な中，原稿を読んで頂き，筆者自身では気づくことのできない，数多くのご指摘を頂きました．

　本書の執筆に関わって下さった全ての皆様に対し，ここに深く感謝申し上げます．

　　2021 年 2 月

濱田　高彰

目 次

第 1 章　顕示的消費の理論

　本研究は，Veblen (1899) に端を発する顕示的消費理論 (conspicuous consumption theory) の一研究である．Veblen は，人々の消費行動に対し，"a process of socialization"，すなわち「自らの社会的位置を確立するプロセス」との解釈を与えた．その後，こうした考えを厳密に定式化するべく，経済学において伝統的に仮定される，人々の消費に対する内発的な選好 (intrinsic preference) に加えて，他者からの社会的承認や，社会的順位に依存するような外発的な選好 (extrinsic preference) が導入された．消費者は，商品そのものがもたらす物質的な価値のみならず，その社会的価値を考慮して選択を行うという考えだ．こうした前提の下で，Veblen の議論が経済学において分析されるようになった．

　経済理論においては，消費者の顕示財消費を，非対称情報ゲーム，中でもシグナリングゲームによって捉える向きが一般的である (Ireland, 1994; Bagwell and Bernheim, 1996)．すなわち，各消費者の財産やステータスの情報が，個人の私的情報であり，それを他者に伝達するための手段が，顕示財の購入である．こうした設定の下で，消費者が外発的な選好に基づいて社会的ステータスを追求した場合，各消費者による過剰な顕示財消費が発生し，社会厚生の低下を招く．情報の非対称性による非効率性が生じることになる．

　この章では，本研究の足掛かりとなる，シグナリングゲームを用いた顕示的消費の経済理論について紹介することとしたい．ここでは Mandler (2018) のモデルを，効用関数を特定化した上で紹介し，その

含意について考察する.[1] この章では，シグナリングゲームに関心のある学部上級生や大学院生に配慮し，各所でできる限り丁寧な解説を心がけた．また，基礎概念を説明する際には，節の見出しに「補足説明」と付すようにした．既にこの分野について理解されている方は，適宜読み飛ばしてもらいたい．

　本書では「連続的行動空間」かつ「連続的タイプ空間」のモデルを構築する.[2] 一方，シグナリングゲームの文献においては，「離散行動」や「離散タイプ」のモデルも多く，本質的には同様の議論であっても，実際にモデルを解く際には，各々の考え方や方法論が存在している．幅広く勉強されたい方には，澤木 (2015) をお薦めする．シグナリングゲームの重要事項や解き方，精緻化基準などが，網羅的に解説されている.[3]

1.1　モデル設定

　本書にて扱うモデルの設定を解説していく．世の中には 2 つの財が存在し，それぞれを私的消費財 (private consumption goods), 顕示財 (conspicuous consumption goods) と呼ぶことにする．ゲームのプレイヤーには，無数の消費者と観察者の 2 種類が存在する．観察者は，各消費者の顕示財の消費水準を観察できるが，私的消費財の消費水準は観察できない．自宅での毎日の食事は他者から観察されない一方で，身につけている高級腕時計は他者から観察可能であることに対応して

---

[1] 第 2 章での分析の都合上，Mandler (2018) とは異なる記号や表記を用いている．

[2] これらは，プレイヤーの選択肢やタイプの集合が，実数上の区間にて定義されていることを意味する．

[3] 「離散行動」かつ「連続タイプ」のモデルについては紹介されていない．この類のモデルについては，顕示的消費理論では Corneo and Jeanne (1997), また関連する社会的選好理論の研究では，Bénabou and Tirole (2006) や Adriani and Sonderegger (2019) などで採用されているので，参照して頂きたい．

いる.[4] 私的消費財の購入水準を $x \in \mathbb{R}_+$, 顕示財の水準を $q \in \mathbb{R}_+$ とし, 私的消費財と顕示財はいくらでも細かい水準を選択できると仮定する. 顕示財は, その「質」を選択していると考えて差し支えない.

各消費者は所得 I で特徴付けられ, 区間 $[I_L, I_H] \equiv \mathcal{I}$ $(0 < I_L < I_H)$ 上に連続的に存在している. I は $\mathcal{I}$ をサポートに持つ密度関数 $f(I)$ に従い分布しており, 平均所得を $\bar{I}$ で表す. また累積分布関数は $F(I)$ と書く. 各消費者は, 自分の所得を正確に把握しているが, 他の消費者の所得を知ることはできないものとし, $f(I)$ を共有知識とする. また単純化のために, 消費者は私的消費財から直接的な効用を得る一方, 顕示財からは直接的に効用を得ることはなく, 自身の顕示財水準に対して「観察者が予想する所得」から効用を得ると仮定する (Ireland, 1994; Bagwell and Bernheim, 1996; Corneo and Jeanne, 1997). 高級腕時計そのものに価値を見出さないが, 高級腕時計により財力がシグナルされることを通して, 間接的に効用を得る状況を想定している.[5] 観察者が予測する各消費者の所得を $\hat{I} \in [I_L, I_H]$ と書く.[6] $\hat{I}$ が大きいほど, 他者から認知される所得が高くなり, 消費者の効用は高くなる. 以降, 所得 I を持つ消費者を「タイプ I」, 観察者が予測する所得 $\hat{I}$ を (観察者の)「予想所得」と呼ぶことにする. 各消費者の効用 $u(x, \hat{I})$ を, 以下のように仮定する:

$$u(x, \hat{I}) = \log x + \gamma \hat{I}, \tag{1.1}$$

ただし, $\gamma > 0$ である. γ は, 観察者の予想所得に対する消費者の感応度を表す. γ が大きいほど, 顕示意欲が高いことを意味する.

私的消費財の価格を 1, 顕示財の価格を $p \in \mathbb{R}_{++}$ とする. 簡単化のた

---

[4] 消費者同士が互いの消費を観察し合うという状況を想定しても良い. つまり, 消費者が同時に観察者であると考えてよい. ここでは自分の消費を観察している他者の存在そのものが重要となる.

[5] 顕示財から直接的に効用を得る場合を想定しても, 一定の仮定の下で, 後の分析と同様の結果を導くことができる.

[6] $\hat{I}$ は, 顕示財水準 q に依存することになる.

めに，価格は外生的に与えられているとする．効用関数は x について単調増加であるので，予算制約 $x + pq \leq I$ から，タイプ I の効用関数は以下のように書き換えられる：

$$v(q, \hat{I}, I) \equiv u(I - pq, \hat{I}) = \log(I - pq) + \gamma \hat{I}. \tag{1.2}$$

最後に，ゲームのタイミングは以下の通りである：

(i) 各消費者は所得 I を割り当てられ，自分の所得のみを観察する．

(ii) 価格 p を所与に，各消費者は私的消費財と顕示財の水準 (x, q) を決定する．

(iii) 観察者は，各消費者の顕示財の水準 q のみを確認し，各消費者への予想所得 $\hat{I}$ を形成する．

(iv) 各消費者は観察者の予測を正しく認知し，効用が定まる．

1.1.1 単一交差条件

シグナリング理論における最も重要な効用関数の性質として，単一交差条件がある．このモデルにおける単一交差条件を以下に定義する．

定義 1 関数 $v(q, \hat{I}, I)$ が**単一交差条件 (single-crossing condition)** を満たすとは，任意の $q \in \{q | 0 < q < \frac{I}{p}\}$, $\hat{I} \in (I_L, I_H)$ について，以下が I について厳密増加関数であることを言う：

$$-\frac{v_2(q, \hat{I}, I)}{v_1(q, \hat{I}, I)}, \tag{1.3}$$

ただし，$v_1(q, \hat{I}, I) = \frac{\partial v(q, \hat{I}, I)}{\partial q}$, $v_2(q, \hat{I}, I) = \frac{\partial v(q, \hat{I}, I)}{\partial \hat{I}}$ である．(1.3) 式は，縦軸に q，横軸に $\hat{I}$ をとった平面上における，タイプ I の無差別曲線の接線の傾きである．実際に $v(q, \hat{I}, I)$ を $q, \hat{I}$ について全微分してゼ

ロとおくことで，$\dfrac{dq}{d\hat{I}} = -\dfrac{v_2(q,\hat{I},I)}{v_1(q,\hat{I},I)}$ を得る.[7] この傾きの意味するところ
は，「予想所得を 1 単位増やすために受け入れることの出来る顕示財の
増分」である.[8] (1.3) 式が I について厳密増加関数であることは，所得
の高い人ほど，予想所得を増加させるためにより多くの額を顕示財に
出費可能であることを意味する．この条件は，分離均衡が存在するた
めの重要な条件となる．高所得者が，低所得者には許容できない額を
顕示財に支出することによって，他者に対して自分の所得をシグナル
することが可能となるのだ．

　さて，効用関数 (1.2) が単一交差条件を満たすことを確認しておこ
う．(1.2) 式から，以下を得る：

$$\frac{dq}{d\hat{I}} = -\frac{v_2(q,\hat{I},I)}{v_1(q,\hat{I},I)} = -\frac{\gamma}{\frac{-p}{I-pq}} = \frac{\gamma}{p}(I-pq). \tag{1.4}$$

これより，$\dfrac{dq}{d\hat{I}}$ は I の厳密増加関数であるので，単一交差条件が満たさ
れていることが分かる．また (1.4) 式より，$I - pq > 0$ の下で，$\dfrac{dq}{d\hat{I}} = \dfrac{\gamma}{p}(I-pq) > 0$ かつ，$\dfrac{d^2q}{d\hat{I}^2} = -\gamma\dfrac{dq}{d\hat{I}} < 0$ を得る．これらと単一交差条件
より，2 つのタイプ I_h と I_l ($I_h > I_l$) について，それぞれの無差別曲線
は，図 1.1 のように描かれる．

---

[7] $dv = v_1(q,\hat{I},I)dq + v_2(q,\hat{I},I)d\hat{I} = 0 \Leftrightarrow \dfrac{dq}{d\hat{I}} = -\dfrac{v_2(q,\hat{I},I)}{v_1(q,\hat{I},I)}$. 陰関数の存在と微分可能性
　は，陰関数定理によって保証される．

[8] 顕示財の増加が私的消費財を減少させ，効用を下げることに注意して頂きたい．

6

図 1.1　タイプ I_h, タイプ I_l の無差別曲線

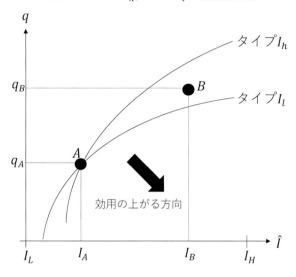

これらの結果を以下にまとめておこう.

性質 1　効用関数 (1.2) は単一交差条件を満たし，縦軸に q，横軸に $\hat{I}$ を とった平面上に描かれる各タイプの無差別曲線は，$\frac{dq}{d\hat{I}} > 0$ かつ，$\frac{d^2q}{d\hat{I}^2} < 0$ を満たす.

　単一交差性の図による解釈は，その名の通り，各タイプの無差別曲 線が高々1回しか交わらないことである.[9] また効用関数の形から，よ り少ない顕示財への支出で高所得者だと認識される事が好ましいので, 図の右下の点に移動するほど効用が高くなることが分かる.

---

[9] このモデルでは，タイプが区間 $[I_L, I_H]$ に連続的に分布しているため，全タイプの無 差別曲線を図に描くことはできない. しかし，どの2タイプを取ってきても，所得の 大小に応じて，図 1.1 のような関係が成り立っている. また，$I_l < I_m < I_h$ なるタイ プ I_m の，点 A を通る無差別曲線を考えると，タイプ I_l とタイプ I_h の無差別曲線の 間に位置することになる.

効用関数 (1.2) において単一交差条件が成り立つ理由は，私的消費財の限界効用が逓減する点，すなわち (1.2) 式における $\log x$ が凹関数である点に依る．より所得が高い人ほど，私的消費財における限界効用が小さくなることから，顕示財への出費に対する効用の減少分は小さく抑えられるのだ．しかし，必ずしも私的消費財の効用に対する凹性がなくとも，単一交差条件と他の諸条件が満たされる場合には，この後の分析と同様の結果を得ることができる．[10] すなわち，以降の結果は，より広い効用関数のクラスで成り立つ結果であることを強調しておく．

1.1.2　補足説明：シグナリングの原理

ここで，高所得者 (タイプ I_h) にとって，自身の私的情報を観察者に伝達することが可能となる状況を，図 1.1 を用いて考察してみよう．単純化のために，両タイプの選択肢は，点 A と B の 2 つだけだとする．すなわち，「低水準の顕示財（q_A）を購入することで，他者から低所得者（I_A）だと認識される」か「高水準の顕示財（q_B）を購入することで，他者から高所得者（I_B）だと認識される」かのどちらかだとする．無差別曲線の位置関係から，タイプ I_h は点 B を選択し，タイプ I_l は点 A を選択することが分かる．タイプ I_l にとっては，高所得者（I_B）だと認識されたいが，高水準の顕示財（q_B）は割高で手が出せない一方，タイプ I_h は高水準の顕示財を許容できる．タイプ I_h にとっては，他者には選択できない行動（点 B）を自らが取ることによって，自分が高所得者であると示すことができるのだ．このように，各タイプが適切な選択肢（点 A と B）に直面した場合には，異なるタイプが異なる行動を取ることで，自身のタイプを自発的に表明するような状況が実現する．これが**シグナリングの原理 (signaling principle)** と呼ばれるものである．単一交差条件は，こうした状況が成り立つための重要な条件となる．

10　分離均衡の存在と一意性に関する結果である (Mandler, 2018).

1.2 均衡の定義と精緻化基準

1.2.1 均衡の定義

　均衡は，「消費者の戦略」とそれに対する「観察者の予想所得」の2つから定義される．各タイプ I の戦略（顕示財の購入水準）を関数 $q = \tau(I)$ とし，顕示財の水準 q に対する観察者の予想所得を関数 $\hat{I}(q) \in \mathcal{I}$ で表す．以降，状況に応じて，観察者の予想所得 $\hat{I}(q)$ を，観察者の信念 (belief) と呼ぶことがある．均衡概念は，シグナリングゲームにおいて標準的な，完全ベイジアン均衡（perfect bayesian equilibrium [PBE]）を用いる．

定義 2　価格 p を所与に，消費者の戦略と観察者の信念の組 $(\{\tau^*(I)\}_{I \in \mathcal{I}}, \{\hat{I}^*(q)\}_{q \in \mathbb{R}_+})$ が**完全ベイジアン均衡（PBE）**であるとは，以下の $(i)(ii)(iii)$ が満たされることを言う：

(i) $\forall I \in \mathcal{I}, \tau^*(I) \in \arg\max\limits_{q \in [0, \frac{I}{p}]} v(q, \hat{I}^*(q), I).$

(ii) 均衡戦略 $\tau^*(I)$ において選択される全ての（均衡経路上の）顕示財水準 $\tilde{q}$ に対して，信念 $\hat{I}^*(\tilde{q})$ は，条件付き期待値 $\mathbb{E}[I|\tau^*(I) = \tilde{q}]$ として，ベイズルールと均衡戦略によって計算される．

(iii) 均衡戦略 $\tau^*(I)$ において選択されることのない全ての（均衡経路外の）顕示財水準 q' に対する信念 $\hat{I}^*(q')$ は，区間 $\mathcal{I}$ 上の任意の値を取り得る．

　(i) は，観察者の信念を所与として，全てのタイプ I が自らの利得を最大にする行動をとっていることを要求している．(ii) は，観察者の信念が，消費者の均衡における行動と整合的であることを意味する．このモデル（連続行動，連続タイプ）における条件付き期待値は，定義上複雑な問題が存在しているが，ここでは深く立ち入ることはしな

い．実用上においては，ある均衡経路上の行動 $\tilde{q}$ を選択するタイプが 1 種類だけである場合，観察者は完全にタイプを特定できると考えて良い．例えば $\tilde{q} = \tau^*(\tilde{I})$ である時，$\hat{I}^*(\tilde{q}) = \hat{I}^*(\tau^*(\tilde{I})) = \tilde{I}$ である．また，均衡経路上の行動 $\tilde{q}$ を複数のタイプが選択している際には，$\hat{I}^*(\tilde{q}) = \mathbb{E}[I|\tilde{q}] = \int_E I \frac{f(I)}{\int_E f(I)dI} dI$ （ただし，$E \equiv \{I|\tau^*(I) = \tilde{q}\}$ であり，E の測度はゼロでない）と考えて良い．例えば，区間 $[I_L, I']$ の全てのタイプが，均衡において $\tilde{q}$ を選択している場合，均衡における信念は $\hat{I}^*(\tilde{q}) = \int_{I_L}^{I'} I \frac{f(I)}{\int_{I_L}^{I'} f(I)dI} dI$ である．(iii) は，均衡で選択されない行動については，均衡が保たれる限りにおいて，どんな予測であっても構わないことを意味している．均衡の具体例は，1.2.2 にて解説する．

　また，よくある注意として，PBE はあくまで消費者の戦略と観察者の信念の組に対して定義されるものであるため，$\tau^*(I)$ を単独で均衡とは呼ばない．$\tau^*(I)$ のことを，均衡結果と呼ぶことにしよう．最後に，分離均衡，（半）一括均衡の定義を確認しておく．

定義 3　組 $(\{\tau^*(I)\}_{I \in \mathcal{I}}, \{\hat{I}^*(q)\}_{q \in \mathbb{R}_+})$ が (a) **分離均衡**, (b) **一括均衡**, (c) **半一括均衡**であるとは，これが PBE でかつ，それぞれ以下が成り立つことを言う：

(a) 任意の $I, I' \in \mathcal{I}(I \neq I')$ について，$\tau^*(I) \neq \tau^*(I')$ である．
(b) 任意の $I, I' \in \mathcal{I}(I \neq I')$ について，$\tau^*(I) = \tau^*(I')$ である．
(c) $\tau^*(I) \neq \tau^*(I')$ となる $I, I' \in \mathcal{I}$ が存在する．また，$\tau^*(I'') = \tau^*(I''')$ となる $I'', I''' \in \mathcal{I}$ が存在する．

　(a) の分離均衡は，各タイプ I が別々の顕示財水準を選択することを意味している．(b) の一括均衡は，全てのタイプが同じ行動を取る状況であり，(c) の半一括均衡は，全タイプではなく一部のタイプが同じ行動

を選択している状況である．PBE の均衡結果は，以上の 3 種類となる．

　さて，多くのシグナリングゲームにおいては，PBE の定義の (*iii*) が問題となる．均衡経路外の行動に対する信念には制約がないため，"非現実的な"均衡経路外の信念によって，現実に起こりそうにない多くの結果が，"均衡"として導かれてしまうのだ．まずはこの点に関する補足説明を行った上で，信念の精緻化基準を導入する．すでにこの点を理解している読者は，1.2.3 に進んで頂きたい．

1.2.2　補足説明：非現実的な信念による均衡

　まずは以下の図を見てみよう．

図 1.2　非現実的な信念による一括均衡

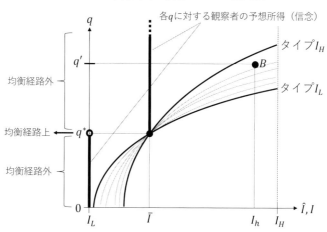

　図 1.2 は，全てのタイプが q^* を選択するような一括均衡の例である．この PBE における信念は，任意の $q \in [0, q^*)$ について $\hat{I}^*(q) = I_L$，任意の $q \in [q^*, +\infty)$ について $\hat{I}^*(q) = \bar{I}$ となっている．[11] この信念は「比較的低水準の顕示財を選択する人はタイプ I_L で，比較的高水準を選択する人は

---

[11] $\bar{I}$ は上で定義したように，消費者全体の平均所得である．

（平均的に）タイプ $\overline{I}$ だ」と観察者が予想することを意味しており，その判断の分かれ目が q^* である．この信念と，全てのタイプが q^* を選択する状況が，PBE となることを見ておこう．全てのタイプが q^* を選択し，$\overline{I}$ の予想所得を得ているので，各タイプの均衡における無差別曲線は，図1.2 の通り，$(\overline{I}, q^*)$ を通過する．単一交差条件により，各タイプの無差別曲線が，タイプ I_H と I_L の無差別曲線の間に収まることに注意すると，全てのタイプにとって，現状よりも効用が改善するような $(\hat{I}, q)$ の組は存在しないことが確認できる．[12] つまり，各タイプの効用は q^* にて最大となっているので，PBE の (i) が満たされている．また，全てのタイプが q^* を選択していることから，PBE の (ii) の要求を満たす信念は $\hat{I}^*(q^*) = \mathbb{E}[I|q^*] = \int_{I_L}^{I_H} I \frac{f(I)}{\int_{I_L}^{I_H} f(I)dI} dI = \overline{I}$ であり，図の示す均衡経路上の信念と一致していることが確認できる．すなわち，全員が「同じ行動をとる」状況では，観測者にとって，事前に把握する平均の情報（$\overline{I}$）から何ら情報のアップデートはないことを意味している．最後に均衡経路外の信念については，どんな信念が与えられていても良いので，(iii) も満たされている．

　ここで注目したいのが，高所得者にとっては，低所得者よりも高水準の顕示財を購入可能であるにも拘らず，低所得者と同じ行動に甘んじている状況が，"均衡"となっている点だ．これは直感的に，現実に起こりそうにない結果だと言えないだろうか．[13] これを引き起こしてい

---

[12] 現状の各無差別曲線よりも右下に，実現可能な $(\hat{I}, q)$ の組は存在していない．

[13] 例えば「100 円ショップの腕時計」と「世界一高級な腕時計」という 2 つの選択肢しかなければ，全ての所得層が「100 円ショップの腕時計」を購入する状態が均衡となるのは直感的である．仮に高所得者が，自らの所得をシグナルするべく，低所得者には選択できない行動を取ろうにも，世界一高級な腕時計には手が出せないからだ．しかし，このモデルでは選択肢が連続的，すなわち，「100 円ショップの腕時計」と「世界一高級な腕時計」以外にも，ちょうど良い手頃な選択肢が無数に存在している．つまり，「100 円ショップの腕時計」よりも，幾分か高価な時計を選択することで，低所得者との差を示すことが可能なのだ．にも拘らず，高所得者が低所得者と同様の行動を選択し，そこから逸脱する誘引を持たない点から，直感的におかしな結果であると言えるだろう．

るのは，観察者の均衡経路外の信念である．図 1.2 に示される信念で
は，例えば q' のような比較的高水準の顕示財を購入したとしても，「平
均的な所得者」として見なされるため，高所得者に差別化のインセン
ティブが生まれないのだ．

　ここで仮に，「q' を選択すれば，タイプ I_h（図 1.2）であると認識され
る」ような状況を考えてみよう．[14] q' という比較的高い顕示財水準に対
して，より高い予想所得が形成される状況だ．この時，点 B が選択可
能となり，多くの高所得者層が q' に逸脱するインセンティブを持つた
め，この PBE は維持されないことが分かる．この例のように，図 1.2
のような非現実的な信念を，少し直感的なものに訂正することで，起こ
りそうにない結果を排除できる場合がある．それゆえ，均衡経路外の
信念に対し，「尤もらしい予想（信念）」を適切に定めることで，より現
実的な均衡のみが生き残るよう，均衡概念を修正する動機が生まれて
くる．この修正作業のことを，**均衡の精緻化 (equilibrium refinement)**
と呼ぶ．

　当然ながら，均衡経路外の信念を何らかの「尤もらしい信念」に制
限する際には，きちんとした判断基準を設けなければならない．先の
例のように，「q' を選べば，I_h のような高所得者だと認識されるはずだ」
などと，何の根拠もなく仮定してはならない．以下では，より適切な
信念を定めるための基準，いわゆる**精緻化基準 (refinement criterion)**
を導入する．

1.2.3 Cho and Kreps 型の精緻化基準

　Cho and Kreps (1987) の考え方に基づいた精緻化基準を導入する．Cho
and Kreps (1987) では様々な基準が提案されているが，共通する基本的
な考え方は，それぞれの均衡経路外の行動に対して「その行動を取り

---

[14] これは解説のための一例であり，ここでの I_h の水準に意味はない．

そうにないタイプを利得から判別し，観察者の信念に反映する」とい
うものである．ここでは，Cho and Kreps (1987) の D1 基準を連続タイ
プのモデルに適用した，以下の基準を用いる．[15]

定義 4　PBE における均衡結果 $\tau^*(I)$ を 1 つ固定する．$\hat{I}^*(q)$ が，**精緻
化された信念であるとは**，任意の均衡経路外の行動 q' に対し，

$$v(q', \hat{I}, I_1) \geq v(\tau^*(I_1), \hat{I}^*(\tau^*(I_1)), I_1) を満たす任意の \hat{I} について，$$
$$v(q', \hat{I}, I_2) > v(\tau^*(I_2), \hat{I}^*(\tau^*(I_2)), I_2) が成り立つ \qquad (*)$$

ような I_1, I_2 が存在するならば，

$$\hat{I}^*(q') \neq I_1$$

となるような信念のことをいう．また，**PBE が精緻化基準を通過すると**
は，その PBE の信念が精緻化された信念であることをいう．

　均衡経路外の行動 q' と，2 つのタイプ I_1 と I_2 を考える．まず $v(\tau^*(I_1),$
$\hat{I}^*(\tau^*(I_1)), I_1)$ と $v(\tau^*(I_2), \hat{I}^*(\tau^*(I_2)), I_2)$ は，それぞれタイプ I_1 と I_2
の均衡利得であることに注意して頂きたい．定義 4 における信念の精
緻化は，「タイプ I_1 にとって，q' による利得が均衡利得以上となるよう
な全ての信念 $\hat{I}$ に対して，そのような信念のもとで，タイプ I_2 が常に
q' に逸脱するインセンティブをもつならば，観察者の信念は，$\hat{I}^*(q') \neq$
I_1 でなければならない」ことを要求する．

補足説明：精緻化基準の図による説明
　定義 4 について，図 1.3 を用いて解説しよう．

---

[15] Cho and Kreps (1987) の D1 基準と異なるのは，彼らの基準が，均衡経路外の行動に
対して，観察者が形成する「タイプの確率分布」に制約を課している点である．彼
らのモデルではタイプが有限個である一方，このモデルでは連続タイプを扱うため，
直接的に彼らの基準を適用できない．

図1.3　信念の精緻化プロセス

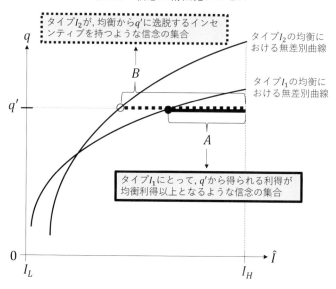

図 1.3 には, タイプ I_1 とタイプ I_2 の, ある均衡における無差別曲線を描いている.[16] また, q' は均衡経路外の行動である. この時, 定義4における条件（＊）の前半部分を満たす全ての信念 $\hat{I}$ の集合, つまり「タイプ I_1 にとって, q' からの利得が均衡利得以上となるような全ての信念 $\hat{I}$ の集合」は, 図 1.3 における集合 A であることが分かる.[17] このような $\hat{I}$ に対し, タイプ I_2 が常に逸脱するインセンティブを持つかどうか確認しよう（条件（＊）の後半部分）. すると, 集合 A の全ての点が, I_2 の均衡における無差別曲線の右側に位置していることから, このような信念の下では, タイプ I_2 が常に q' に逸脱するインセンティブを持つことが分かる. つまりこの時, 精緻化された信念は, $\hat{I}^*(q') \neq I_1$ となる.

16　どのような均衡であるかは指定していない.

17　A の線分に対応する, 所得の集合である.

　定義 4 における条件（＊）は，図 1.3 において「集合 *A* が集合 *B* に包含されていること」だと理解できる．直感的には，「タイプ I_2 が逸脱を引き起こす機会は，タイプ I_1 よりも多い」と解釈できる．こような状況下で「観察者は『q' を選択するならば，それはタイプ I_1 だ』などと決めつけたりはしない」と考えるのが，この精緻化基準の発想だ．このように，各タイプが逸脱を引き起こす信念の集合をタイプ間で比較することで，逸脱のしやすいタイプを判定し，信念に反映するのである．

　ここで，図 1.2 に戻って，均衡経路外の行動 q' における精緻化された信念を考えてみよう．ここでは，タイプ I_H と，タイプ $\overline{I}$ を比較しよう．今タイプ $\overline{I}$ の無差別曲線は図 1.2 に描かれていないが，単一交差条件より，タイプ I_H とタイプ I_L の間に位置していると分かる．すると，タイプ I_H と $\overline{I}$ の関係は，図 1.3 の I_2 と I_1 の関係と同じであるので，精緻化された信念は，$\hat{I}^*(q') \neq \overline{I}$ でなければならない．定義 4 より，精緻化基準を通過する PBE は，精緻化された信念の下で成立する PBE でなければならない．図 1.2 における均衡の信念は，$\hat{I}^*(q') = \overline{I}$ であるため，この PBE は精緻化基準を通過しないと判定される．かくして，非現実的な均衡結果を，精緻化の基準によって排除することに成功した．

精緻化基準のプラクティカルな利用方法

　図 1.2 において，I_H と任意の $I \in [I_L, I_H)$ について考えてみると，タイプ I_H の逸脱する範囲が厳密に広いことが分かるので，精緻化された信念は，任意の $I \in [I_L, I_H)$ について $\hat{I}^*(q') \neq I$ を要求することが分かる．つまり，精緻化された信念は $\hat{I}^*(q') = I_H$ に定まる．この例のように，単一交差条件と精緻化された信念のもとでは，均衡経路外の行動に対する信念が正確に定められるケースが多い．澤木 (2015) の表現を借りると，「各均衡経路外の行動に対して，最もふくらんでいる無差別

曲線を持つタイプ」が，その行動に対する信念として確定する．図 1.2
では，行動 q' に対して I_H の無差別曲線が最も外側にふくらんでいる
ことが分かるだろう．また，$\hat{I}^*(q') = I_H$ の下で，タイプ I_H は逸脱の
インセンティブを持つことになる．この時，精緻化された信念の下，図
1.2 における均衡結果は維持できないことになるため，この均衡結果に
よる PBE は精緻化基準を通過しないと結論づけることができる．以上
の流れのように，プラクティカルには，均衡結果を 1 つ固定し，「精緻
化された信念を特定の上，逸脱をチェックする」ことで，「その均衡結
果における PBE が精緻化基準を通過するか」を判定することが多い．
この方法は，2 章の分析で頻繁に用いていくことになる．

精緻化基準に関する注意

　最後に，信念の精緻化にも注意が必要である．均衡経路外の信念に
関して強い基準を用いることで，現実的に尤もらしい信念さえも取り
除いてしまい，"経済学的に意味のある"均衡までも排除してしまう可
能性があるからだ．D1 基準や定義 4 の精緻化基準も，比較的強い基準
であると言える．一方シグナリングゲームの文献においては，均衡結
果の一意性を導くために，D1 のような強い制約を課すケースが多い．
均衡結果の一意性は，モデルによる現実の予測精度の向上はさること
ながら，特に複雑なゲームにおいては，モデルの扱いを簡素化し，分
析の見通しを良くするという点で重要となる．本書も他の文献と同様
に，あくまで均衡結果の一意性を保証するために精緻化基準を採用す
るが，基準の正当性に関しては，議論の余地があることに注意して頂
きたい．

1.3　均衡分析：存在と一意性

　では均衡分析に入ろう．この節での目的は，PBE の存在と均衡結果の一意性について議論することである．

1.3.1　精緻化基準による一括均衡の排除

　はじめに，精緻化基準による（半）一括均衡の排除について簡単に考察しよう．証明の直感は以下の通りである．ある行動 q を複数のタイプが選択しているような PBE を考え，この均衡が精緻化基準を通過するとしよう．ここで，q よりも少しだけ高水準な，均衡経路外の行動 $q+\varepsilon$ を考える．[18] この時，（半）一括均衡が成立するためには，$q+\varepsilon$ を選択しても，観察者の予想所得は，ある程度低い水準になければならない．図 1.2 を用いて考察したように，予想所得が高いと，高所得者の逸脱を招き，一括均衡が崩れてしまうからだ．しかし，単一交差性のもとで，信念の精緻化は，（大雑把な表現を用いると）「より高水準の顕示財の購入は，高所得者によるものだ」という予想を要求する．「（半）一括均衡が成立するための均衡経路外の信念条件と，信念の精緻化による要求が両立しない」という点が，証明の肝となる．一方，$q+\varepsilon$ が均衡経路上にある場合も，単一交差性から矛盾が導かれる．厳密な証明は 1.5 にて与えるとし，以下では結果を記すに留める．[19]

補題 1　任意の（半）一括均衡は，精緻化基準を通過しない．

---

[18] こうした選択肢が，均衡経路外の行動として存在するケースを考える．

[19] （半）一括均衡が精緻化基準を通過しない理由については，2 章においても，図を用いて簡単に触れることになる．ここでは気にせず読み進めてもらいたい．

1.3.2 分離均衡の構成

次に，分離均衡を求める作業に入ろう．まずは均衡における信念 $\hat{I}(q)$ が微分可能であるケースを考える．各タイプの効用最大化の一階条件より，任意の $I \in \mathcal{I}$ について，

$$v_1(q, \hat{I}(q), I) + \hat{I}'(q) v_2(q, \hat{I}(q), I) = 0 \Leftrightarrow \frac{-p}{I - pq} + \gamma \hat{I}'(q) = 0, \quad (1.5)$$

を得る．分離均衡においては，観察者は各タイプの行動 $\tau(I)$ から正しくタイプを予測することになり，均衡においては，$\hat{I}(\tau(I)) = I$ が任意の I について満たされる．この時，均衡経路上において $\hat{I}$ は $\tau(I)$ の逆関数であり，$\hat{I}(q) = \tau^{-1}(q)$ となる．$\hat{I}(\tau(I)) = I$ は I についての恒等式であるから，両辺を I で微分することで，$\tau'(I)\hat{I}'(\tau(I)) = 1$ を得る．この式と $q = \tau(I)$ を用いて，効用最大化条件 (1.5) を書き換えると，以下の $\tau(I)$ に関する微分方程式を得る :[20]

$$\tau'(I) = \frac{\gamma}{p}(I - p\tau(I)). \quad (1.6)$$

以下では，全てのタイプ I にとって，効用最大化条件 (1.6) を満たす

---

[20] この条件式は，$\max_{I'} v(\tau(I'), \tau^{-1}(\tau(I')), I)$ という問題の一階条件としてみることが可能である．すなわち，ある分離均衡を導く $\tau(\cdot)$ という関数があらかじめ意思決定問題に組み込まれており，その上で，各消費者が自分のタイプを表明する問題である．この問題では，タイプ I は自分のタイプを偽りなく表明することが最適となる．実際に，I' で微分して最大化の一階条件を調べると，$I' = I$ の時に (1.6) 式が得られる．例えば単純な例として，タイプ I_L は q_L，タイプ I_H は q_H を選択する状況が均衡だとしよう．その時，「タイプ I_L の方には q_L を，タイプ I_H の方には q_H を販売しておりますので，ご自分のタイプを仰ってください」という状況を考えてみると，「タイプ I_L が I_L，タイプ I_H が I_H」を選択する状態は，均衡になるはずである．2つの選択フレームの間に，インセンティブ構造の違いはないからだ．このように不完備情報ゲームは，自分のタイプを直接表明させる問題に置き換えて考えることができる．これが表明原理 (Revelation Principle) と呼ばれるものである．しかし厳密には，完全ベイジアン均衡などの解概念のもと，複数期間ゲームにて表明原理が成り立つかどうかは，単期間ゲームよりも事情が複雑である．この点については筆者の専門外であるが，Myerson (1986) に始まり，Sugaya and Wolitzky (2020) などの研究が存在していると理解している．

ような関数 $\tau(I)$ を見つけることが目標である。そのような $\tau(I)$ が，均衡戦略の候補となる。ここで，タイプ I_L の顕示財購入量は

$$\tau(I_L) = 0 \qquad (1.7)$$

となる。仮に分離均衡において，$\tau(I_L) > 0$ であるとしよう。分離均衡であることから，タイプ I_L への観察者の予想所得は I_L である。この時，タイプ I_L は，$\tau(I_L) = 0$ に逸脱するインセンティブを持つ。なぜなら予想所得はすでに下限であるため，顕示財の購入をなくすことで，予想所得を下げることなく私的財の購入量を増やすことができるからだ。つまり，分離均衡において $\tau(I_L) > 0$ は成立せず，$\tau(I_L) = 0$ が必要となる。

(1.7) は，微分方程式 (1.6) の初期条件である。つまり，均衡戦略の候補を見つける問題は，初期値問題 (1.6)(1.7) を解くことに帰着される。以下の解が一意に求められる :[21]

$$\tau(I) = \frac{1}{p}\left(\left(I - \frac{1}{\gamma}\right) - \left(I_L - \frac{1}{\gamma}\right)e^{-\gamma(I-I_L)}\right). \qquad (1.8)$$

ただし，e はネイピア数である。同時に，均衡経路上の信念関数の候補は，(1.8) 式の逆関数となる。では，(1.8) が分離均衡における均衡戦略であることを確認しよう。(1) $\tau(I)$ は逆関数を持つこと，(2) 任意のタイプ I について $\tau(I)$ は予算制約を満たしていること，(3) タイプ I の利得が $\tau(I)$ にて最大化されること，つまり最大化の2階条件を満たしていること，をそれぞれ確認すれば良い。以下の (1)(2)(3) を示せば十分である。

---

[21] (1.6) の一般解は $\tau(I) = \frac{1}{p}\left(\left(I - \frac{1}{\gamma}\right) + Ce^{-\gamma I}\right)$ (C は任意定数) であり，$\tau(I_L) = 0$ から C を求めると，(1.8) 式を得る。微分方程式の解は，一般解に含まれない解（特異解）が存在する可能性がある。初期値問題の解が一意であることの十分条件は，微分方程式 $\tau'(I) = g(I, \tau(I))$ における，関数 $g(I, \tau)$ がリプシッツ条件を満たすことである。詳細は省略するが，このモデルではリプシッツ条件を満たしており，一意性が保証される。

補題 2　初期値問題 (1.6)(1.7) の解 (1.8) について，以下の 3 つが成り立つ：

(1) $\tau'(I) > 0, \forall I \in (I_L, I_H)$.

(2) $\tau(I) \geq 0$ かつ $I - p\tau(I) > 0, \forall I \in \mathcal{I}$.

(3) $\frac{\partial^2}{\partial q^2} v(q, \hat{I}(q), I) < 0$.

　証明は単純な計算となるため，付録 1 に記載する．ここまでの結果を図 1.4 にまとめてみよう．

図 1.4　$\tau(I)$ の外形の例と均衡経路

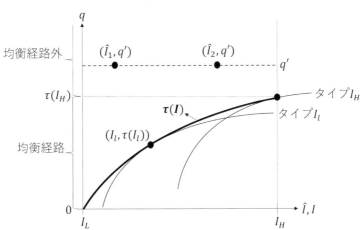

　均衡戦略 $\tau(I)$ は増加関数であり，$\tau(I_L) = 0$ を通るグラフとなる．[22] また均衡において，区間 $[0, \tau(I_H)]$ の全ての q が選択され，$(\tau(I_H), +\infty)$ が均衡経路外の行動となる．均衡経路上の信念は，$\tau(I)$ の逆関数であり，各 $\tau(I)$ に対して I を返す関数となる．図 1.4 には，タイプ I_H と I_l $(I_H > I_l)$ の無差別曲線が描かれている．各タイプ I の無差別曲線は，

---

[22] $\tau''(I) < 0$ となるような例を描いたが，その他の例も存在する．詳しくは 1.4.3 にて扱う．

関数 $\tau(I)$ に接していなければならない．このことは (1.4) 及び (1.6) 式からも確認できる．例えばタイプ I_l の無差別曲線は，点 $(I_l, \tau(I_l))$ で $\tau(I)$ と接している．もしあるタイプの無差別曲線が $\tau(I)$ と交差する場合，現状の無差別曲線よりも右下に，選択可能な点 $(I, \tau(I))$ が存在し，逸脱を招いてしまう．また以上から，均衡戦略 $\tau(I)$ は，各タイプの無差別曲線により形成される包絡線であることも理解できる．これらの図形的な直感は，2 章以降の分析でも非常に重要である．

　最後に，均衡経路外の行動について確認しておこう．ここまでの効用最大化問題は，均衡経路上に限定された信念関数を用いた議論であり，各タイプが均衡経路外の行動に逸脱しないことを別途確認する必要がある．ここでは，図 1.4 を用いて確認してみよう．均衡経路外の行動 q' に注目する．PBE の定義から，q' に対する信念は何を選んでも良いので，例えば図のように，$\hat{I}_1$ や $\hat{I}_2$ に定めることができる．一方，$\tau(I)$ が各タイプの無差別曲線による包絡線である点に注意すると，$(\hat{I}_1, q')$ や $(\hat{I}_2, q')$ を通る無差別曲線は，全てのタイプにとって均衡での無差別曲線よりも左上に位置することが分かる．q' に対する信念が何であろうと，どのタイプも q' に逸脱するインセンティブを持たないことが分かるだろう．この節の結果を補題としてまとめておく．

補題 3　微分可能な信念関数のもとで，分離均衡が存在する．また均衡結果 $\tau(I)$ は一意に定まり，(1.8) 式で与えられる．均衡経路外の信念は，任意の値を取る．

1.3.3　他の分離均衡の排除

　最後に，補題 3 で提示した均衡の他に，分離均衡が存在しないかどうかを確認する．先の議論は，微分可能な信念を前提に均衡戦略の候補を絞ったため，均衡結果の一意性を示すためには，微分可能でない信念関数についても確認が必要となる．このために，以下の補題を用いる．

補題 4　$\tau(I)$ が分離均衡における均衡戦略であるならば，$\tau(I)$ は微分可能である．

　分離均衡における均衡戦略が常に微分可能となるならば，その逆関数である信念関数も，均衡において微分可能でなければならない．したがって，分離均衡を分析する際には，微分可能な信念にのみ注目すれば良いため，補題 4 にて一意性の証明が完了となる．証明は技術的となるため，付録 1 にて紹介する．

　均衡分析に関する結果をまとめよう．補題 1, 3, 4 より，以下の命題を得る．

命題 1　精緻化基準を通過する PBE は分離均衡のみであり，均衡戦略 $\tau(I)$ は一意的に (1.8) 式で与えられる．

　均衡結果が一意に求められたので，このモデルにおいては，(1.8) 式のみを分析すれば良いことになる．厳密には，戦略空間を選択肢上の確率分布にまで拡張すれば，あるタイプが確率的に複数の行動を選択するような PBE（hybrid equilibrium）を構成することも可能である．しかしこうした均衡も，本質的に一括均衡と同様の理由で，精緻化基準を通過しない．

1.4　基本モデルの性質

1.4.1　顕示的消費の非効率性

　ここからは，基本モデルにおける均衡の性質を確認していく．このモデルでは，情報の非対称性による非効率性が発生している．それをみるために，まずは各タイプの完備情報下における選択を考えよう．完備情報下では自分の所得が他者から認識されているので，効用関数 (1.2)

より，タイプ I の効用は下のように書ける：

$$v(q, \hat{I}, I) = \log(I - pq) + \gamma I. \tag{1.9}$$

この時，顕示財の購入は何ら便益をもたらさないため，全てのタイプにとって $q = 0$ が最適である．完備情報下の均衡におけるタイプ I の効用を $v^*_{com}(I)$，非対称情報下の均衡におけるタイプ I の効用を $v^*_{asy}(I)$ と書くと，I_L を除く任意のタイプ I について

$$v^*_{com}(I) - v^*_{asy}(I) = \log(I) + \gamma I - \big(\log(I - p\tau^*(I)) + \gamma I\big) > 0 \tag{1.10}$$

が成り立つ．[23] 情報の非対称性によって，各タイプの効用が下がることが確認できる．観察者からの予想所得を維持するために，他者との差別化競争の末，過剰な顕示財への投資が発生する．このモデルでは，顕示財そのもに直接的な便益のない状況を考えたが，顕示財に対する好みを考慮した場合でも，一定の条件の下で，同様に消費に非効率な歪みが生じる．

　また，この非効率性は，他者に所得やステータスを誇示するという消費者の選好に起因する．当然ながら，人目を全く気にしなければ，つまり γ がゼロであれば，最適な顕示財水準は $q = 0$ である．自分の消費だけでなく，他者の消費や行動に依存する人々の選好を，**社会的選好 (social preference)** と呼ぶ．顕示的消費の問題は，主に情報の非対称性と，人々の社会的選好によるものだと理解できる．

1.4.2　顕示財への支出不変

　均衡戦略において，顕示財への支出額が，価格に依らず一定であることが確認できる．(1.8) 式より，タイプ I の均衡における顕示財への

---

[23] タイプ I_L はいずれの場合も $q = 0$ を選択するため，$v^*_{com}(I_L) = v^*_{asy}(I_L)$ である．

出費 $p\tau(I)$ は,

$$p\tau(I) = \left(\left(I - \frac{1}{\gamma} \right) - \left(I_L - \frac{1}{\gamma} \right) e^{-\gamma(I-I_L)} \right) \tag{1.11}$$

となり,右辺は p に依存しないことが分かる.所得をシグナルする上で,顕示財の水準そのものではなく,それに支出した額が重要となる.どのような価格に対しても同一の支出額を選択できる理由は,顕示財の水準をいくらでも細かく調整できる,つまり顕示財水準が連続変数であるという仮定に依存している.基本モデルでは,顕示財への支出に関する効用最大化問題を仮定して差し支えない.

1.4.3 均衡戦略 $\tau(I)$ の形状

次に,均衡戦略 $\tau(I)$ の形状を調べる.今までの分析で,$\tau(I)$ が単調増加関数であることが分かっている.(1.8) 式より二階微分を計算すると,

$$\tau''(I) = -\frac{\gamma^2}{p} \left(\left(I_L - \frac{1}{\gamma} \right) e^{-\gamma(I-I_L)} \right) \tag{1.12}$$

となり,これより,

$$\begin{cases} \tau''(I) > 0 & \gamma < \frac{1}{I_L} \\ \tau''(I) = 0 & \gamma = \frac{1}{I_L} \\ \tau''(I) < 0 & \gamma > \frac{1}{I_L} \end{cases} \tag{1.13}$$

を得る.ここから,均衡戦略の形状は γ の大きさに依存することが分かる.また,任意の I について $\frac{\partial \tau}{\partial \gamma} > 0$ と計算できることから,$\tau(I)$ と γ の関係は,図 1.5 のようにまとめられる.

図 1.5　γ と $\tau(I)$ の外形

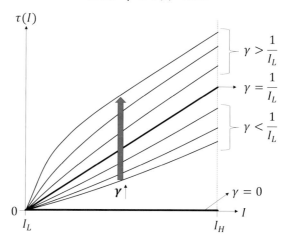

図 1.5 の直感を理解するために，均衡における私的消費財の水準 $I - p\tau(I)$ についても確認する．(1.8)(1.13) と補題 2 から，私的消費財水準の外形は，図 1.6 のように描かれる．

図 1.6　γ と私的財消費の関係

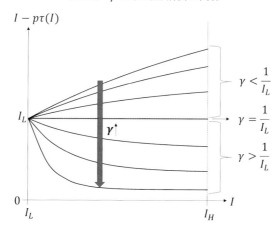

γ が十分小さい時 ($\gamma < \frac{1}{I_L}$), 私的消費財は所得の増加関数となる. この時, 所得が高い消費者ほど, 均衡における私的消費財の限界効用は小さくなる. 所得が高い人ほど, 均衡において追加的な顕示財消費を許容しやすいことを意味している. 限界的な所得の増加がもたらす顕示財の増分は, 高所得者であるほど大きくなるため, $\tau(I)$ が下に凸のグラフとなる. 1 つの見方として, 高所得者層における競争が, 低所得者層に比べて激しいと解釈できる.

逆に, γ が十分大きい時, 私的消費財は所得の減少関数となり, 所得が高い消費者ほど, 均衡における私的消費財の限界効用は大きくなる. 所得が大きい人ほど, 均衡において追加的な顕示財消費を許容しづらい. ゆえに, γ が十分大きい場合には, 上に凸のグラフが描かれる. 高所得者層に比べ, 低所得者層における競争が激しいと捉えることができる.

1.4.4 分析例：最低限所得保障

最後に, 基本モデルを用いた分析を 1 つだけ見ておこう. ここでは Adriani and Sonderegger (2019) の 4 章と同様の, 簡素化された最低限所得保障 (guaranteed minimum income) の効果を分析してみる. 政府の所得移転や労働市場の賃金制度などにより, $I_{L'} (> I_L)$ 未満の所得を持つ消費者全員が, 最低所得 $I_{L'}$ を保障される状況を考える. なお, この議論は本題ではないため, 資金調達の方法については議論しない.

この時, 微分方程式 (1.6) の初期条件が $\tau(I_{L'}) = 0$ に置き換えられることになる. 最低所得増加の効果を分析するために, 均衡戦略 (1.8) を I_L で微分すると, 任意のタイプ I について $\frac{\partial \tau}{\partial I_L} < 0$ が確認できる. すなわち, 最低所得の増加は, 全ての消費者の均衡における顕示財水準を減少させる. γ が十分に大きいケースで図示してみると, 図 1.7 のようになる.

図 1.7 最低限所得保障の効果

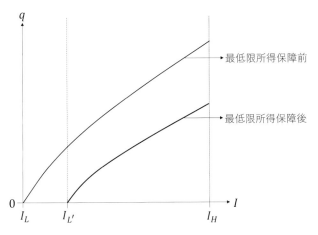

均衡において，各消費者は自分よりも低所得の相手に対し，より高水準の顕示財を購入しようとする．ゆえに，所得の範囲が広いほど，各所得層における消費量が積み重なり，より大きな消費の歪みが発生してしまう．最低所得の増加は，所得の範囲を狭めることを通して，こうした消費の歪みの緩和をもたらす．Adriani and Sonderegger (2019) は，連続タイプの仮定のもと，ある顕示財を「購入する」か「購入しない」かという，二値選択モデルを用いて同様の結果を得ている．[24]

Memushi (2013) は，例えば発展途上国において，所得の極端な不平等が激しい顕示的消費競争を招いていると指摘する．この事実は，上

---

24 彼らのロジックでは，最低所得の増加により，「顕示財を購入しない」ことの不効用が減少する．最低所得が上がる事で，顕示財を購入しなくても，以前と比べてより高い所得層に属することになり，「惨めな気持ちが少し緩和する」といったところだ．それによって，無理をして顕示財を購入していた所得層の一部が，顕示財購入を回避するようになる．しかし，彼ら自身が指摘するように，特に所得移転などにより最低所得が増加した場合，観察者は元々の所得をベースに予想する可能性がある．つまり，観察者が「移転で所得が上がっただけで，実質的には以前の所得者層であることに変わりない」と考える場合だ．こうした場合には，以上のシナリオは成り立たない．このモデルにも，同様の問題が発生しうる．

記の分析結果によって説明できることが分かるだろう．加えて，顕示的消費の競争を緩和する観点から，最低限所得保障などによる，不平等緩和策の重要性が示唆される．

なお，初期値の増加による顕示財購入の減少は，後の分析において重要となる．競争回避財を導入した次章の分析では，競争回避財によって低所得者層が一括行動を起こすことで，その後の高所得者層による顕示財競争の初期値が引き上げられ，高所得者層における顕示財購入が減少することになる．次章で，この一連の流れを確認していく．

1.5　付録1：補題の証明と補足事項

補題1の証明

証明　背理法の仮定により，精緻化基準を通過する PBE において，複数のタイプが，ある行動 q を選択しているとする．q を選択するタイプの集合を P，平均値を $\tilde{I}$，P の中で最も高所得なタイプを I_h とする．[25] いま十分に小さい $\varepsilon > 0$ について，$\hat{I}(q+\varepsilon) \geq I_h$ だとすると，$\hat{I}(q+\varepsilon) - \tilde{I} \geq I_h - \tilde{I} > 0$ となる．この時，効用関数の連続性より，ある $I \in P$ が存在して，$v(q+\varepsilon, \hat{I}(q+\varepsilon), I) > v(q, \tilde{I}, I)$ を満たすことになる．[26] 従って，ある十分小さい ε において，$\hat{I}(q+\varepsilon) < I_h$ である必要がある．ここで，$q+\varepsilon$ が均衡経路外の行動であるとする．以下，任意のタイプ $I' \in [I_L, I_h)$ を考える．タイプ I' と I_h の均衡利得をそれぞれ $v^*(I'), v^*(I_h)$ とすると，単一交差性と $I' < I_h$ から，$v(q+\varepsilon, \hat{I}, I') \geq v^*(I')$ ならば，$v(q+\varepsilon, \hat{I}, I_h) > v^*(I_h)$

---

[25] $\hat{I}^*(q) = \tilde{I}$ である．すなわち $\tilde{I}$ は，均衡における行動 q への信念である．

[26] $v(q, \tilde{I}, I)$ は，q を選択するタイプ I の均衡利得である．ε が十分小さければ，ほとんど顕示財水準を増やすことなく，少なくとも $I_h - \tilde{I}$ だけ予想所得を増加させることができる．効用関数が連続である場合，$q+\varepsilon$ への逸脱が効用を改善してしまい，q が PBE において選択される行動であることに矛盾する．

である.[27]従って精緻化基準により,任意のタイプ $I' \in [I_L, I_h)$ について,$\hat{I}(q+\varepsilon) \neq I'$ が成り立つ.ゆえに $\hat{I}(q+\varepsilon) \geq I_h$ であるが,これは $\hat{I}(q+\varepsilon) < I_h$ に矛盾する.次に,均衡で 1 種類以上のタイプが $q+\varepsilon$ を選択しているとしよう.$\hat{I}(q+\varepsilon)$ は均衡における信念であり,$\hat{I}(q+\varepsilon) < I_h$ であることから,$q+\varepsilon$ を選択するタイプの中に,$I'' < I_h$ なる I'' が存在する.これは $v(q+\varepsilon, \hat{I}(q+\varepsilon), I'') \geq v(q, \tilde{I}, I'')$ を意味し,さらに $\hat{I}(q+\varepsilon) > \tilde{I}$ であることから[28],単一交差条件は $v(q+\varepsilon, \hat{I}(q+\varepsilon), I_h) > v(q, \tilde{I}, I_h)$ を示唆する.これはタイプ I_h が均衡で q を選択することに矛盾する. □

補題 2 の証明

証明 (1):$\tau'(I) = \frac{\gamma}{p}(I - p\tau(I)) = \frac{1}{p}\left(1 + \gamma\left(I_L - \frac{1}{\gamma}\right)e^{-\gamma(I-I_L)}\right) > 0.$
(2):$\tau(I_L) = 0$ と $\tau'(I) > 0$ より $\tau(I) \geq 0$ である.また,(1) より $I - p\tau(I) > 0$ である.(3):信念関数は $\hat{I}(q) = \tau^{-1}(q)$ であることと,$\tau'(I) = \frac{\gamma}{p}(I - p\tau(I))$,$\tau''(I) = \frac{\gamma}{p}(1 - p\tau'(I))$ という関係式より,効用関数の 2 階微分は以下のようになる:

$$\frac{\partial^2}{\partial q^2} v(q, \hat{I}(q), I) = \frac{-p^2}{(I-pq)^2} + \gamma \hat{I}''(q) = \frac{-p^2}{(I-pq)^2} - \gamma \frac{\tau''(\hat{I}(q))}{\{\tau'(\hat{I}(q))\}^3}$$

$$= \frac{-p^2}{(I-pq)^2} - \frac{\gamma^2}{p} \frac{1}{\{\tau'(\hat{I}(q))\}^3} + \gamma^2 \frac{1}{\{\tau'(\hat{I}(q))\}^2}$$

$$= -\frac{\gamma^2}{p} \frac{1}{\{\tau'(\hat{I}(q))\}^3} < 0. \qquad \square$$

---

[27] $v(q+\varepsilon, \hat{I}, I') \geq v^*(I')$ とすると,$v^*(I') \geq v(q, \tilde{I}, I')$ より,$v(q+\varepsilon, \hat{I}, I') \geq v(q, \tilde{I}, I')$ である.この時,点 $(\tilde{I}, q)$ を,図 1.3 の無差別曲線同士が交わる点と考えると,図 1.3 の議論が適用できる.図 1.3 における I_1, I_2, q' をそれぞれ,$I', I_h, q+\varepsilon$ と捉えることができる.すると,点 $(\hat{I}, q+\varepsilon)$ は図 1.3 の A の領域に入っていると考えられ,この時,$v(q+\varepsilon, \hat{I}, I_h) > v(q, \tilde{I}, I_h) = v^*(I_h)$ であると図的に理解できる.この性質は,効用関数 (1.2) のみならず,単一交差条件を満たす一般の効用関数において成り立つ.
[28] $\hat{I}(q+\varepsilon) \leq \tilde{I}$ だとすると,$q+\varepsilon$ を選択しているタイプが q に逸脱することになる.

補題 4 の証明

　補題 4 を証明する．以下は Mandler (2018) の証明を，本稿のモデルに適用したものである．

証明　分離均衡における任意の均衡戦略を $\tau(I)$ とする．ある I' と I'' （$I' > I''$）について，$\tau(I') \leq \tau(I'')$ だとすると，I'' は $\tau(I')$ に逸脱することによって，より低い支出でより高いステータス（I'）を得ることが出来てしまい矛盾する．したがって，$\tau(I)$ は実数区間上の単調増加関数であり，このことから $\tau(I)$ はほとんど至るところ微分可能である．[29] $\tau(I)$ が微分可能である点 I においては，効用最大化の 1 階条件が満たされている必要があり，(1.6) から，

$$\tau'(I) = \frac{\gamma}{p}(I - p\tau(I)), \tag{1.14}$$

が成立している必要がある．また，$\tau(I)$ がある I で不連続であるとすると，十分小さい $\varepsilon > 0$ において，$v(\tau(I), I, I+\varepsilon) > v(\tau(I+\varepsilon), I+\varepsilon, I+\varepsilon)$ となり，$I+\varepsilon$ が $\tau(I)$ に逸脱するインセンティブを持つため矛盾する．したがって，$\tau(I)$ は連続関数である．

　さて，以上の事実から $\tau(I)$ が絶対連続であることを示す．このためには $\tau(I)$ がリプシッツ連続であることを示せば十分であるので，背理法の仮定により $\tau(I)$ がリプシッツ連続でないとしよう．[30] この時，ある 2 つの列 $I_n, I_n' \in \mathcal{I}$ が存在して，$n \to \infty$ の時，$\frac{|\tau(I_n)-\tau(I_n')|}{|I_n-I_n'|} \to \infty$ となる．この時，予算制約より $\tau(I)$ は $\mathcal{I}$ 上で有界であるから，$|I_n - I_n'| \to 0$ となる必要があり，$\mathcal{I}$ が有界であることから，ある $\tilde{I} \in \mathcal{I}$ について $I_{n_k} \to \tilde{I}, I_{n_k}' \to \tilde{I}$ となる部分列が存在することになる．ここで，$\tau(I)$ は単調増加関数であるため，$\frac{|\tau(I_n)-\tau(I_n')|}{|I_n-I_n'|} = \frac{\tau(I_n)-\tau(I_n')}{I_n-I_n'} \to \infty$ である．この事実と，$\tau(I)$ がほとん

---

[29] 単調増加関数の微分可能性に関するルベーグの定理による．

[30] 関数 $\tau(I)$ がリプシッツ連続であるとは，任意の I_1, I_2 に対して，$|\tau(I_1)-\tau(I_2)| \leq k|I_1 - I_2|$ となるような定数 k が存在することである．

ど至るところ微分可能であることに注意すると，平均値の定理から，任意の $r \in \mathbb{R}_{++}$ について，$r < \tau'(I)$ となる I が，I_n と I'_n の間に十分大きな n のもとで存在することになる．しかしこれは，$\tau(I)$ が I で微分可能である時，(1.14) より $\tau'(I) < \frac{\gamma}{p}I < +\infty$ でなければならないことに矛盾する．ゆえに，$\tau(I)$ はリプシッツ連続であり，絶対連続であることが示された．

$\tau(I)$ が絶対連続であることから，可積分関数 $x(I)$ が存在し，任意の $\hat{I} \in \mathcal{I}$ について，

$$\tau(\hat{I}) = \tau(I_L) + \int_{[I_L,\hat{I}]} x(I)dI \tag{1.15}$$

となり，ほとんど全ての $I \in \mathcal{I}$ について $x(I) = \tau'(I)$ である．[31]

最後に，$\tau(I)$ が微分可能となることを示す．まず (1.14) の右辺について，これは I について連続であることから，$Q(\hat{I}) \equiv \int_{[I_L,\hat{I}]} \frac{\gamma}{p}(I - p\tau(I))dI$ なる原始関数が存在し，$Q(\hat{I})$ は（至るところ）微分可能である．$E_0 \equiv \{I | \tau(\cdot)$ が I で微分可能でない $\}$ とすると，E_0 は零集合であることから，(1.14), (1.15), $\tau(I_L) = 0$ を用いると，

$$\begin{aligned}
\tau(\hat{I}) &= \int_{[I_L,\hat{I}]} x(I)dI \\
&= \int_{[I_L,\hat{I}]\setminus E_0} \tau'(I)dI \\
&= \int_{[I_L,\hat{I}]\setminus E_0} \frac{\gamma}{p}(I - p\tau(I))dI \\
&= \int_{[I_L,\hat{I}]} \frac{\gamma}{p}(I - p\tau(I))dI \\
&= Q(\hat{I})
\end{aligned}$$

---

[31] 絶対連続は，この変形に対する必要十分条件である．ほとんど至るところ微分可能な関数の下では，$\int_{I_L}^{\hat{I}} \tau'(I)dI \leq \tau(\hat{I}) - \tau(I_L)$ といった不等式条件までしか導けない．等号が満たされない（絶対連続でない）関数の例として，カントール関数などが挙げられる．

32

となり，$\tau(\hat{I})$ は微分可能であることが示される． □

　このモデルでは，Mailath (1987) の結果を直接適用することで，微分可能性を示すことが可能である．Mailath (1987) は，消費者の効用関数が標準的な5つの仮定を満たし，かつ単一交差条件を満たす場合，$\tau(I)$ が分離均衡における均衡戦略であるならば，$\tau(I)$ は微分可能となることを示している．[32] 均衡戦略の微分可能性に関する諸結果については，Mailath (1987) に加え，Mailath and von Thadden (2013) なども参照して頂きたい．

---

[32] 5つの仮定については，Mailath (1987) の regularity conditions を参照して頂きたい．

第 2 章　競争回避財の理論分析

　本章では，基本モデルに「競争回避財」(excuse goods) という概念を導入する．「競争回避財」という呼び名を利用する一方，当然ながら，その機能を原始的に備えた財を前提とするわけではない．アップルウォッチも，高級腕時計競争を回避するために生み出された財ではない．[1] アップルウォッチという財が持つ何らかの性質と，それに対する人々の戦略的行動の結果として，高級腕時計競争からの回避機能が「事後的に」付与されてきたと考えるべきだ．そのような機能が内生的に発生する状況を描写することで，競争回避財について理解を深めていく．

　キーとなる仮定は，(i) 競争回避財の価格が十分に低いこと，(ii) 競争回避財から直接的に便益を得る「高所得層」が存在していること，(iii) 競争回避財への選好に情報の非対称性が存在していること，の 3 点である．競争回避財から便益を得る高所得者が，競争回避財を購入することによって，この財の購入者に対する予想所得が上昇する．すると，競争回避財への選好に情報の非対称性が存在する場合，仮に競争回避財を真に好んでいない消費者であっても，その購入を通して，「好んで競争回避財を購入する高所得者」に紛れ込むことが可能となる．この時，「観察者からの予想所得を維持したまま，顕示財の購入を回避すること」が，一部の消費者にとって可能となる．本章では，そのような消費者の存在を示した上で，競争回避財の効果について深く考察していく．

---

[1] 実際には生産者の意図は分からないが，少なくともそのような機能を全面的にアピールしているわけではない．

近年の社会的選好理論においては,「ある行為をうまく回避するための機会や手段」と,経済主体のインセンティブに関する研究が行われてきた.例えば,Dana, Weber and Kuang (2007) の実験研究によると,独裁者ゲームにおいて,独裁者の行動が受取人の利得に与える影響を,受取人が認識していない場合,独裁者はその状況を利用し,利己的な行動に対する「道徳的な弁明余地」(moral wiggle room) を得ようとする.他にも,Exley (2016) では,チャリティに関する実験で,自分が他者へ寄付を行ったとしても,その貢献が(何らかの理由で)薄れてしまうリスクが存在する場合,そのリスクを「言い訳」にして,寄付額を減少させるという動機が発見された.また,Bénabou and Tirole (2006) では,利他的行動から社会的ステータスを得る状況において,人口の一定割合が,利他的行動を選択できないような何らかの制約に直面している場合,その状況を「言い訳」として,実際には行動に制約を受けない経済主体が,不確実性を利用して,利他的行動を回避する状況を描写している.[2] これらに共通するエッセンスは,「不確実性の利用」である.本研究は,こうした一連の文献の業績を深化させるものである.

2.1 競争回避財の導入

では,モデルの設定を考えてみよう.各消費者 $I \in [I_L, I_H]$ は,顕示財とは別に,ある1種類の競争回避財を購入できるとする.競争回避財の消費は,顕示財と同様,他者から観察可能であるとする.高級腕時計競争で考えると,様々な高級腕時計(顕示財)が選択可能であることに加えて,アップルウォッチ(競争回避財)が選択肢として加わった

---

[2] この研究は本書のモチベーションに近いが,制約を受ける人々を外生的に定めている点で本書とは異なる.

状況である．競争回避財の購入を，$q_e \in \{0, 1\}$ という二値選択で表し，購入する場合を 1，購入しない場合を 0 とする．競争回避財の価格は外生的に $p_e \in \mathbb{R}_{++}$ であるとする．

消費者の中には，内発的動機により競争回避財を好む者が一定数いると仮定する．競争回避財の購入から得られる便益を $\alpha \in \{\alpha_H, \alpha_L\}$ で表し，$\alpha_H > \alpha_L = 0$ とする．α_H は競争回避財を好む消費者の選好，α_L は競争回避財に価値を感じない消費者の選好を表す．以下，それぞれの消費者を，「タイプ α_H」，「タイプ α_L」と呼ぶことにする．α は確率変数であるとし，s の確率で α_H，$1-s$ の確率で α_L が各消費者に割り当てられる．また，所得 I と選好 α は独立であるとする．α は各消費者の私的情報であり，その確率分布のみが共有知識である．次節では，ベンチマークとして α が共有知識であるケースを分析する．分析の簡単化のため，顕示財と競争回避財の購入に関して，以下を仮定する．

仮定 1　消費者は顕示財と競争回避財の両方を購入することはない．

例えば腕時計は，通常片方の腕に着用するため，ある一時点における購入の意思決定において，複数の時計を同時に購入することはないと考える．当然ながら，顕示財と競争回避財の両方を購入し，交互に利用するといった動機も十分に考えられるが，今回は競争回避財の持ちうる潜在的な役割を探求するという観点から，最もシンプルな設定で分析を行うことにする．

さて，仮定 1 と予算制約を考慮すると，タイプ I の私的消費財水準 x は，$x \leq I - (1 - q_e)pq - p_e q_e$ を満たす．競争回避財を購入（$q_e = 1$）すると，$x \leq I - p_e$ となり，顕示財を購入（$q_e = 0$）すると，$x \leq I - pq$ となる．基本モデルの効用に対して，競争回避財の便益は加法分離的であるとし，各消費者の効用 $v(q, q_e, \hat{I}, I, \alpha)$ を次のように表す：

$$v(q, q_e, \hat{I}, I, \alpha) \equiv \log(I - (1 - q_e)pq - p_e q_e) + \alpha q_e + \gamma \hat{I}. \quad (2.1)$$

観察者の信念 $\hat{I}$ は，顕示財，あるいは競争回避財の購入水準に依存する．以下では，いくつかの仮定を導入する．

仮定 2 $a_H + \gamma I^* \geq \gamma I_H$ を満たす．ただし，$I^* \in (I_L, I_H)$ は

$$I^* = \frac{s}{s + (1-s)F(I^*)}\overline{I} + \frac{(1-s)F(I^*)}{s + (1-s)F(I^*)}\frac{\int_{I_L}^{I^*} If(I)dI}{F(I^*)} \tag{2.2}$$

を満たす．

I^* は，モデルの外生パラメータから一意的に定まる値であり，$\overline{I} > I^*$ を満たしている．[3] I^* の存在と一意性の証明は，付録 2 にて紹介する．私的消費財からの効用を無視する場合，仮定 2 の不等式条件は，タイプ α_H にとって「最も所得が高い消費者 (I_H) だと認識されるよりも，予想所得は低い (I^*) が，競争回避財の便益 (α_H) を得られる方が好ましい」ことを意味している．I^* の意味は後に説明するとし，ここでは，α_H が十分に大きい状況を想定している点を強調しておく．

仮定 3 $\gamma > \frac{1}{I_L}$ を満たす．

予想所得に対する感応度 γ が十分に大きい状況を想定する．顕示的消費への関心が十分に高い世界を考えている．1.4.3 における議論から，この仮定の下で，基本モデルにおける均衡戦略 $\tau(I)$ は，増加関数であり上に凸の形状となる (図 1.5).

仮定 4 $\overline{I} > 2I_L$ を満たす．

---

3 $\frac{\int_{I_L}^{I^*} If(I)dI}{F(I^*)}$ は，タイプ I の区間 $[I_L, I^*]$ における条件付き期待値である．平均所得 $\overline{I}$ に比べ，より低所得者層に限定した上で期待値が計算されているため，$\overline{I} > \frac{\int_{I_L}^{I^*} If(I)dI}{F(I^*)}$ が成り立っている．$\frac{s}{s+(1-s)F(I^*)} \in (0,1)$ を考慮すると，$\overline{I} > I^*$ でなければならない．

　最低所得者の所得の 2 倍が，平均所得を超えない事を意味している.[4]
ここでは，消費者の所得の範囲が十分に広いことを意味している．所
得の範囲が狭すぎると，均衡のバリエーションが減少する．より豊富
なインプリケーションを得るための仮定であり，以降の分析における
本質を支えるものではない.

　ゲームのタイミングは，基本モデルと同様，以下の通りである：

(i) 各消費者は (I, α) を割り当てられ，自らの値のみを観察する.

(ii) 価格 p, p_e を所与に，各消費者は私的消費財，顕示財，競争
　　回避財の水準 (x, q, q_e) を決定する.

(iii) 観察者は，各消費者の顕示財水準 q，あるいは競争回避財 q_e を
　　観察し，各消費者への予想所得 $\hat{I}$ を形成する.

(iv) 各消費者は観察者の予測を正しく認知し，効用が定まる.

　消費者の私的情報をまとめて $(I, \alpha) \in \mathcal{I} \times \{\alpha_H, \alpha_L\}$ と書き，「タイプ
(I, α)」と呼ぶ．タイプの各要素に注目した「タイプ I」や「タイプ α」
という呼び方も頻繁に用いるため，使い分けに注意して頂きたい．均
衡は，1 章と同様，完全ベイジアン均衡を採用し，精緻化基準につい
ても，定義 4 と同様のものを用いる．以降の分析では，主に均衡にお
ける支出額に注目する．タイプ (I, α) の顕示財，または競争回避財へ
の均衡支出額として，$E(I, \alpha)$ という表記を用いる.

2.2　競争回避財への選好が共有知識である場合

　はじめに，所得 I は私的情報であるが，α は共有知識である場合を
分析する．つまり，観察者が各消費者の競争回避財に対する好みを完

---

[4] 厳密には「2 倍」以上である必要はなく，条件を緩めることが可能である．証明の簡
　単化のために採用している.

全に認識している状況だ．この場合，観察者はタイプ α_H と α_L に対し，それぞれ別々の信念を形成することになるため，両タイプ間における戦略的相互関係は生まれない．タイプ α_H，タイプ α_L のそれぞれにおけるゲームを解くことになる．

2.2.1 タイプ α_L における均衡

まず，タイプ α_L の消費者におけるゲームを考える．ここでは $\alpha = 0$ であるため，基本モデルと同様の分析に帰着する．所得をシグナルする手段として競争回避財が加わったものの，それと同額の顕示財支出が可能であるため，基本モデルと，シグナルの手段も実質的に同じである．ゆえに基本モデルと同様，以下の結果を得る．

命題 2 α が共有知識であるとする．タイプ α_L のゲームにおいて，精緻化基準を通過する PBE は分離均衡のみである．タイプ I の顕示財，または競争回避財への均衡支出額 $E(I, \alpha_L)$ は，一意的に $E(I, \alpha_L) = p\tau(I)$ で与えられる．

$\tau(I)$ は基本モデルの均衡戦略 ((1.8) 式) であり，本章の分析でも頻繁に用いることになる．さて，細かい点ではあるが，ここでは基本モデルと異なり，均衡結果は一意とならない．支出額 p_e は，競争回避財と顕示財のどちらでも実現可能であるからだ．また基本モデルと比べて，均衡経路外の行動が１つ増えることになる．例えば全てのタイプが顕示財を選択するような分離均衡結果に対しては，競争回避財の購入は，均衡経路外の行動となる．ゆえに，$q_e = 1$ への逸脱がないことを確認する必要がある．

このケースだけ簡単に確認しておこう．まず $p_e > E(I_H, \alpha_L)$ $(= p\tau(I_H))$ の時，つまり競争回避財の価格が，タイプ I_H の均衡における顕示財支出額よりも大きい場合，1.3.2 の均衡経路外の議論と同

様に，任意のタイプが，いかなる信念の下でも $q_e = 1$ に逸脱しないことが示される．1.3.2 の議論では，均衡戦略 $\tau(I)$ が，各タイプの無差別曲線の包絡線であることを確認したが，支出関数 $E(I,\alpha)$ も同様に，各タイプの無差別曲線の包絡線であることに注意しよう．[5] 以降も，この考え方を用いて分析を行う．

また $p_e \leq E(I_H, \alpha_L)$ の時，$q_e = 1$ における精緻化された信念は，均衡において $E(I', \alpha_L) = p_e$ となるタイプ I' に対し，$\hat{I} = I'$ となる．つまり，精緻化基準は「競争回避財に逸脱するとすれば，それは均衡において競争回避財の価格 (p_e) と同じだけ顕示財に支出しているタイプだ」という信念を要求する．これは均衡の信念と同様であるため，精緻化基準は消費者のインセンティブを何ら変化させない．この点については，$E(I, \alpha_L)$ が各タイプの無差別曲線による包絡線であることに注意すると，支出 p_e に逸脱する信念の範囲が最も広いのはタイプ I' であると，直感的にも理解できる．[6]

最後に，このケースにおける均衡支出額の概形を確認しておこう．仮定 3 から，図 2.1 のように描かれる．

選好 α が共有知識でないケースでは，以上のタイプ α_L における均衡結果が劇的に変化することになる．

---

[5] 1.4.2 で確認したように，このモデルでは，支出額で効用最大化を考えても同じ結果となるからだ．

[6] 式でも確認しておこう．各タイプ I の均衡利得を $v^*(I)$，競争回避財に対する信念を $\hat{I}_e$ とする．以下，任意の $I \neq I'$ と I' の 2 タイプに注目し，「$v(0,1,\hat{I}_e,I,\alpha_L) \geq v^*(I)$ を満たす任意の $\hat{I}_e$ に対して，$v(0,1,\hat{I}_e,I',\alpha_L) > v^*(I')$ が成り立つこと」を確認する．まず $v(0,1,\hat{I}_e,I,\alpha_L) \geq v^*(I) \Leftrightarrow \gamma \hat{I}_e \geq \log(I - E(I,\alpha_L)) + \gamma I - \log(I - p_e)$ である．ここで，$h(I) \equiv \log(I - E(I,\alpha_L)) + \gamma I - \log(I - p_e)$ とした時，上記が成立するには，$h(I)$ が I' で一意に最小となる必要がある．これは，$E(I', \alpha_L) = p\tau(I') = p_e$，(1.6) 式，$\tau''(I) < 0$ より，$h'(I') = 0$, $h''(I) > 0$ となることから確認できる．また，$v(0,1,\hat{I}_e,I',\alpha_L) \geq v^*(I')$ となる $\hat{I}_e \in \mathcal{I}$ が実際に存在する必要がある．$E(I', \alpha_L) = p_e$ より，$v(0,1,\hat{I}_e,I',\alpha_L) \geq v^*(I') \Leftrightarrow \gamma \hat{I}_e \geq \gamma I'$ であるため，当条件を満たす $\hat{I}_e$ は存在する．

図 2.1 α が共有知識の場合：タイプ α_L における均衡

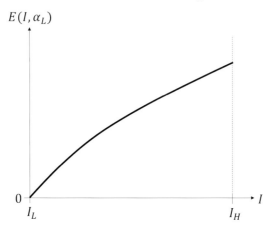

2.2.2 タイプ α_H における均衡

　次に，タイプ α_H におけるゲームを考える．α_H が十分に大きい，つまり，競争回避財の価値が十分に大きいため，競争回避財の価格 p_e が十分に低いケースでは，タイプ α_H の全ての所得層が競争回避財を購入するような一括均衡が出現する．価格 p_e が上昇すると，競争回避財を諦め，顕示財に切り替える低所得者層が出現し，半一括均衡が実現する．さらに価格が上昇すると，全てのタイプが顕示財を選択するようになり，基本モデルと同様，分離均衡が出現することになる．以上の大まかな認識を頭に入れつつ，価格 p_e を以下の 3 つの領域に分けて分析していこう．

Case 1-1 ：$0 < p_e \leq P_L$

Case 1-2 ：$P_L < p_e < P_H$

Case 1-3 ：$P_H \leq p_e$

ただし，P_L, P_H はそれぞれ，

$$\log(I_L - P_L) + \alpha_H + \gamma \overline{I} = \log(I_L) + \gamma I_L \tag{2.3}$$

$$\log(I_H - P_H) + \alpha_H = \log(I_H - p\tau(I_H)) \tag{2.4}$$

を満たし，これらの値は一意に存在する．[7] 主要なパラメータの大小関係は，以下の通りである．[8]

$$0 < P_L < I_L < p\tau(I_H) < P_H < I_H. \tag{2.5}$$

$0 < P_L < P_H$ であるため，各ケースを満たす p_e は存在することが分かる．(2.3)(2.4) 式の意味については，分析の中で確認していく．

Case 1-1, 1-2, 1-3 と，価格 p_e が上昇して行くことが分かる．以降，Case 1-1 では一括均衡，1-2 で半一括均衡，1-3 で分離均衡の出現を確認する．なお，以降の分析では，グラフやポイントとなる式を用いて，証明の大筋を解説していく．ゲーム理論の学習のために本書を読み進めている読者は，ぜひ細部の計算を補うなど，手を動かしながら進めてみてほしい．

Case 1-1：$0 < p_e \leq P_L$ の場合

命題 3　α が共有知識であるとする．$0 < p_e \leq P_L$ の時，タイプ α_H のゲームにおいて，全てのタイプが競争回避財を選択するような一括均衡が存在し，精緻化基準を通過する．

これを理解するために，今までのように図を利用したいわけだが，競争回避財の効用には α_H の便益が追加されるため，顕示財と同時に分析する際には，少々の注意が必要となる．そこで，競争回避財を購入

---

[7] $P_H = I_H - (I_H - p\tau(I_H))e^{-\alpha_H} \in (0, I_H)$, $P_L = I_L(1 - e^{-\gamma(\overline{I} - I_L) - \alpha_H}) \in (0, I_L)$ と計算できる．

[8] $P_L < I_L$ ((2.3) 式)，$I_L < p\tau(I_H)$, $p\tau(I_H) < P_H$ ((2.4) 式) より得られる．$I_L < p\tau(I_H)$ については，仮定 3 と 4 により，$p\tau(I_H) - I_L = \left(I_H - \frac{1}{\gamma}\right) - \left(I_L - \frac{1}{\gamma}\right)e^{-\gamma(I_H - I_L)} - I_L > I_H - 2I_L > \overline{I} - 2I_L > 0$ となることから分かる．

した際の効用を，以下のように捉えてみる：

$$v(0,1,\check{I},I,\alpha_H) = \log(I - p_e) + \gamma\check{I}, \quad \text{ただし,} \ \check{I} \equiv \frac{1}{\gamma}\alpha_H + \hat{I}. \quad (2.6)$$

$\check{I} = \frac{1}{\gamma}\alpha_H + \hat{I}$ を効用関数に代入すれば，競争回避財を購入した際の効用に一致することが確認できる．このように捉えることのメリットは，競争回避財を購入した際の効用を，支出と信念（またはタイプ）の平面上に表現できる点だ．α_H と $\hat{I}$ が加法分離的に効用に組み込まれているため，各信念 $\hat{I}$ に対して正の方向に $\frac{1}{\gamma}\alpha_H$ 分だけ平行移動させることで，競争回避財の効用が表現可能となる．この考え方は，これ以降の全ての分析において利用していく．以上を踏まえて，命題 3 の状況を図 2.2 に描いてみよう．

図 2.2 タイプ α_H における均衡：$0 < p_e \leq P_L$ の場合

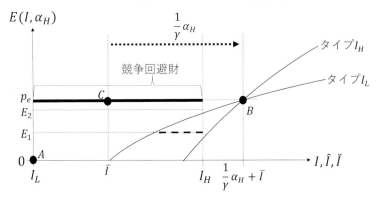

命題 3 の均衡は一括均衡であるため，競争回避財を選択した場合の予想所得は $\bar{I}$ であり，(2.6) 式の考え方から，効用水準は点 B で表される．もし α_H の便益がなければ，点 C の効用水準を得ることになるが，このケースでは，競争回避財の便益分 ($\frac{1}{\gamma}\alpha_H$) だけ右側に移動した水準となることを確認して頂きたい．

この均衡においては，全てのタイプの無差別曲線が点 B を通り，ま

た単一交差条件から，それらは全てタイプ I_H と I_L の無差別曲線の間
に位置することになる.

　この一括均衡が維持されることを確認していこう．まずは，$p_e \leq P_L$
という条件の意味を考える．(2.3) 式から，これは以下と同値である.

$$\log(I_L - p_e) + \alpha_H + \gamma \overline{I} \geq \log(I_L) + \gamma I_L \qquad (2.7)$$

これは図 2.2 で言えば，タイプ I_L にとって，点 B は点 A と無差別か，
それ以上に好ましいことを表す．P_L は，タイプ I_L にとって点 A と B
が無差別となるような価格水準だと分かる．点 A は，顕示財や競争回避
財を購入しなかった場合の効用水準の下限であるため,[9] もし条件 (2.7)
が満たされなければ，タイプ I_L を含む複数のタイプが，観察者の信念
に関わらず逸脱の誘因を持つことになる．条件 (2.7)，つまり $p_e \leq P_L$
は，この一括均衡が維持されるための必要条件である.

　さて，精緻化基準を適用した上で，均衡経路外の行動への逸脱がな
いことを確認しよう．まず区間 $[0, p_e]$ における顕示財支出に対し，逸
脱する信念の集合が（空でない場合に）最も大きいタイプは I_L であ
る．例えば，図 2.2 の支出額 E_1 において，タイプ I_L が逸脱する集合
の範囲が，破線で表されている．単一交差性から，この支出額につい
て，タイプ I_L の逸脱の範囲が最も広いことが分かるだろう.[10] 従って，
精緻化基準から $\hat{I} = I_L$ を得る．一方，逸脱を招く信念の集合が全ての
タイプについて空である場合，精緻化基準は信念に影響を与えないた
め，同様に $\hat{I} = I_L$ と定めておく．図 2.2 であれば，E_2 のような支出額
である．この時，区間 $[0, p_e]$ における任意の顕示財支出から得られる
効用は，点 A よりも低いことから,[11] 条件 (2.7) と単一交差条件より，

9　一括均衡を固定した場合，何も購入しなかった際の効用は $\log(I_L) + \gamma \hat{I}$ であり，予想
　所得は $\hat{I} = I_L$ とは限らず，$\hat{I} \geq I_L$ である.

10　「最も外側にふくらんだ無差別曲線を持つタイプ」という考え方で見ても，タイプ
　I_L だと判断できる.

11　任意の $E \in [0, p_e]$ について，$\log(I) + \gamma I_L \geq \log(I - E) + \gamma I_L$ である.

これらの支出に逸脱するタイプは存在しない.

　また，区間 $(p_e, +\infty)$ の顕示財支出を考える．精緻化された信念の下で，この区間に逸脱しないことを保証するためには，α_H が十分に大きい必要がある．これを確認するために，$\alpha_H < \gamma(I_H - \bar{I})$ のケースを考えてみよう．この時，図 2.3 の状況が実現する.

図 2.3　$\alpha_H < \gamma(I_H - \bar{I})$ の場合

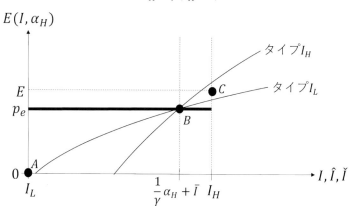

　このようなケースにおいても一括均衡は存在しうるが，精緻化基準を通過しない．α_H が小さい場合，図 2.3 のように，点 B が I_H の水準よりも左側に位置することになる．この場合，例えば均衡経路外の顕示財支出 E に精緻化基準を適用すると，$\hat{I} = I_H$ となり,[12]タイプ I_H は点 C に逸脱するインセンティブを持つ.[13] 一括均衡が精緻化基準を通過するためには，点 B が I_H の水準よりも右側に位置している，つまり $\alpha_H \geq \gamma(I_H - \bar{I})$ である必要がある.[14] 仮定 2 は，この条件が満たされるための

---

[12] 支出額 E において，最も逸脱の範囲が広いのは，タイプ I_H であるとわかる.

[13] タイプ I_H の他にも，複数のタイプが逸脱することになる.

[14] その時，どのような信念の下でも支出 E に逸脱するタイプが存在しないため，精緻化基準は効果を持たない.

十分条件である.[15] 以降もこの分析と同様の理由から,（半）一括均衡が
精緻化基準を通過するためには, α_H が十分に大きくなくてはならない.

　基本モデルにおいて, 一括均衡が精緻化基準を通過しない理由は, α_H
の便益部分がなく, 点 B が I_H の水準よりも必ず左側に位置しているた
めである. 図 2.3 と同じ理由で, 精緻化基準を通過しないことが分かる.

Case 1-2 : $P_L < p_e < P_H$ の場合

　次に, Case 1-1 から価格が上昇したケースを分析する. 特に, $P_L < p_e$
より $\log(I_L - p_e) + \alpha_H + \gamma \bar{I} < \log(I_L) + \gamma I_L$ が成り立ち, これは Case 1-1
の均衡から, タイプ I_L やその周辺のタイプによる逸脱を意味する. その
結果, 低所得者層が顕示財を購入するような以下の均衡結果が出現する.

命題 4　α が共有知識であるとする. $P_L < p_e < P_H$ の時, タイプ α_H
のゲームにおいて, 以下を満たす半一括均衡が存在し, 精緻化基準を
通過する :

(i)　任意の $I \in [I_L, I_c]$ が顕示財を選択し, 支出額は $E(I, \alpha_H) = p\tau(I)$.

(ii)　任意の $I \in (I_c, I_H]$ が, 競争回避財を選択.

I_c は以下を一意的に満たす :

$$\log(I_c - p\tau(I_c)) + \gamma I_c = \log(I_c - p_e) + \alpha_H + \gamma \tilde{I}_c. \qquad (2.8)$$

ただし, $\tilde{I}_c = \dfrac{\int_{I_c}^{I_H} I f(I) dI}{1 - F(I_c)}$ である.

　この状況を図 2.4 に表してみよう.

　1 つずつ状況を確認していこう. まず (2.8) 式から, $p_e > p\tau(I_c)$ が言
える.[16] ゆえに, 命題 4 の $(i)(ii)$ から, 区間 $(p\tau(I_c), p_e]$ と, $(p_e, +\infty)$
における顕示財支出は, 均衡経路外の行動となる. また, $\tilde{I}_c$ は, 区間

---

[15] $\alpha_H \geq \gamma I_H - \gamma I^* > \gamma I_H - \gamma \bar{I}$.

[16] $p_e \leq p\tau(I_c)$ だとすると, $I_c < \tilde{I}_c$ より, $\log(I_c - p\tau(I_c)) + \gamma I_c < \log(I_c - p_e) + \alpha_H + \gamma \tilde{I}_c$ が常に成り立ってしまう.

図 2.4 タイプ α_H における均衡：$P_L < p_e < P_H$ の場合

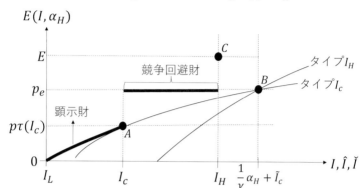

$(I_c, I_H]$ における条件付き期待値であり，競争回避財の購入に対する均衡の信念である．よって，競争回避財を選択する全てのタイプが，p_e を支出し，予想所得 $\tilde{I}_c$ を得ることになるため，彼らの無差別曲線は，図 2.4 における点 B を通る．単一交差性から，それらは全て，タイプ I_H と I_c の無差別曲線の間に位置している．

また (2.8) 式から，タイプ I_c にとって，$p\tau(I_c)$ 分の顕示財の購入と，競争回避財の購入が無差別となっている．つまり，点 A と B が無差別である．さらに，区間 $[I_L, I_c)$ における各タイプの無差別曲線は，（図示されていないが）それぞれ顕示財の支出関数 $E(I, \alpha_H) = p\tau(I)$ に接している状態である．[17]

均衡経路外の顕示財支出に対する信念について，まず区間 $(p\tau(I_c), p_e]$ では，Case 1-1 と同様に精緻化基準の利用，および適当に信念を定めることで，全ての顕示財支出額に対して $\hat{I} = I_c$ とできる．また区間 $(p_e, +\infty)$ においては，任意の値が取られる．この図を見る限りにおいては，精緻化された信念の下で，任意のタイプが均衡から逸脱する誘

---

[17] 前述した通り，支出 $p\tau(I)$ についても，各無差別曲線による包絡線となっていると考えて良い．

因を持たないことが確かめられる.[18] この均衡が実現するためのポイントを, 4 つに分けて解説する.

まず 1 つ目として, 区間 $(I_L, I_c]$ における消費者の顕示財水準は, 基本モデルと同じであることに注目しよう. 重要な点は, 基本モデルと初期値が同じである事だ.[19] 初期値が同じであれば, 終点がどこであろうと, 同じ解を持つことに注意されたい. この点は, 以降の分析でもポイントとなる.

2 つ目は, Case 1-1 と同様に, α_H が十分に大きくなければならない点だ. 仮に $\alpha_H < \gamma(I_H - \tilde{I}_c)$ が満たされる場合, 点 B が I_H の水準よりも左側に位置することになり, 半一括均衡は精緻化基準を通過しない. ここでも, 仮定 2 が $\alpha_H \geq \gamma(I_H - \tilde{I}_c)$ であるための十分条件となる.[20]

3 つ目は, (2.8) 式が成立していることだ. つまり, 顕示財と競争回避財の切り替わり所得となるタイプ (I_c) にとって, 顕示財 (点 A) と競争回避財 (点 B) が無差別でなければならない点である. 例えば, 顕示財と競争回避財の切り替わり所得 I_c において, $\log(I_c - p\tau(I_c)) + \gamma I_c > \log(I_c - p_e) + \alpha_H + \gamma \tilde{I}_c$ が満たされるとしよう. この時, 効用関数の連続性から, I_c よりほんの少しだけ大きいタイプ $I_c + \varepsilon$ においても, 同様に $\log(I_c + \varepsilon - p\tau(I_c)) + \gamma(I_c) > \log(I_c + \varepsilon - p_e) + \alpha_H + \gamma \tilde{I}_c$ が成り立つ.[21] しかし, これはタイプ $I_c + \varepsilon$ が点 B より点 A を好むことを意味しており, $I_c + \varepsilon$ が競争回避財を選択することに矛盾する.[22] 逆の不等式でも同様に矛盾が生じる.

最後に, (2.8) 式を満たす I_c が, 区間 (I_L, I_H) に存在しなければなら

---

[18] 顕示財を選択する任意のタイプの無差別曲線が $p\tau(I)$ に接していることに注意すると, 単一交差性より, I_c 未満の全てのタイプが点 B に逸脱する誘因を持たないことが分かる.

[19] ともに $(I_L, 0)$ を通る.

[20] $\alpha_H \geq \gamma I_H - \gamma I^* > \gamma I_H - \gamma \bar{I} > \gamma I_H - \gamma \tilde{I}_c$.

[21] $\varepsilon > 0$ が十分に小さい場合に成り立つ.

[22] I_c が切り替わりポイントであるため, タイプ $I_c + \varepsilon$ は均衡で競争回避財を選択していなければならない.

ない.[23] これを保証してくれる条件が，$P_L < p_e < P_H$ である．これを確認するために，以下の関数を定義する：

$$G(x) \equiv \log(x - p\tau(x)) + \gamma x - \log(x - p_e) - \alpha_H - \gamma \frac{\int_x^{I_H} I f(I) dI}{1 - F(x)}. \tag{2.9}$$

(2.8) 式における I_c は，$G(x) = 0$ という方程式の解である．あくまで直感を述べると，$P_L < p_e$ により $G(I_L) > 0$，$p_e < P_H$ により $G(I_H) < 0$ となるため，中間値の定理から，$G(x) = 0$ を満たす I_c が見つかるというシナリオだ.[24] 「あくまで直感」である理由は，p_e の範囲によって，$G(x)$ が定義される区間が異なるためである．例えば $G(I_L)$ という値は，$p_e < I_L$ のケースでは定義されるが，$p_e \geq I_L$ のケースでは定義できない事がわかる．各 p_e に対して，適切に区間を設定することで，中間値の定理から，I_c の存在を導くことになる．

Case 1-3：$P_H \leq p_e$ の場合

　Case 1-2 から，さらに価格 p_e が上昇した場合を考える．この時，競争回避財の購入者はおらず，顕示財による分離均衡が実現する．

命題 5　α が共有知識であるとする．$P_H \leq p_e$ の時，タイプ α_H のゲームにおいて，顕示財による分離均衡が存在し，精緻化基準を通過する．この均衡において，タイプ I の顕示財への均衡支出額 $E(I, \alpha_H)$ は一意的に $E(I, \alpha_H) = p\tau(I)$ で与えられる．

　さて，タイプ α_L のゲーム同様，競争回避財（均衡経路外の行動）へ

---

[23] そうでなければ，半一括均衡は実現しない．

[24] $G(I_H)$ は，$\frac{\int_x^{I_H} I f(I) dI}{1 - F(x)}$ に対し $x = I_H$ を代入することができないため，定義できない．しかし，$G(I_H) = \lim_{x \to I_H} G(x)$ と定義すれば，$G(x)$ は I_H において連続となり，中間値の定理が適用できる．

の逸脱がないことを確認する. α_L のゲームでは, $p\tau(I_H) < p_e$ の場合, 任意のタイプにおいて, 競争回避財への逸脱をもたらす信念が存在しないため, 精緻化基準は信念に何ら影響を与えない. 一方, タイプ α_H のゲームでは, 競争回避財への逸脱が α_H の便益を生むため, $p\tau(I_H) < p_e$ の場合であっても, 精緻化された信念の下, 競争回避財への逸脱を引き起こすケースが発生する. 図 2.5 を見てみよう.

図 2.5　タイプ α_H における均衡：$P_H \leq p_e$ の場合

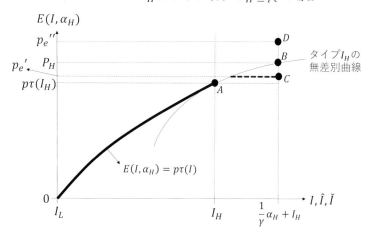

例えば競争回避財の価格が p'_e である場合, 精緻化基準から, 競争回避財に対する予想所得は $\hat{I} = I_H$ となり, タイプ I_H は点 C に逸脱するインセンティブを持つ. 価格 p_e が区間 $[p\tau(I_H), P_H)$ に含まれる限り, 同様の理由で分離均衡が精緻化基準を通過しないことになる.

一方, 例えば競争回避財の価格が p''_e である場合, たとえ信念が $\hat{I} = I_H$ であったとしても, 得られる効用は点 D の水準である. つまり, どのような信念であっても, 均衡利得より改善することはない. この時, 以下が成立することになる.

$$\log(I_H - p''_e) + \alpha_H + \gamma I_H < \log(I_H - p\tau(I_H)) + \gamma I_H. \tag{2.10}$$

この時，精緻化基準は効力を発揮せず，分離均衡は精緻化基準を通過する．以上の議論は，競争回避財の価格が点 B における水準より高い場合に成立することが分かる．そしてその水準は，(2.10) 式を等式で成立させるような価格であり，これが P_H である．P_H は，分離均衡が精緻化基準を通過するような価格の下限であると理解できる．

この節の結果を図 2.6 にまとめておこう．

図 2.6　タイプ α_H における均衡

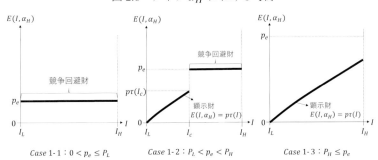

Case 1-1：$0 < p_e \leq P_L$　　　*Case* 1-2：$P_L < p_e < P_H$　　　*Case* 1-3：$P_H \leq p_e$

タイプ α_H におけるゲームのエッセンスを簡単にまとめよう．競争回避財の価格 p_e が十分に低いケース (Case 1-1) では，タイプ α_H の全ての所得層が競争回避財を購入するような一括均衡が出現する．この結果は，競争回避財の便益 α_H が十分に大きいという仮定に依存している．価格 p_e が上昇した場合 (Case 1-2)，競争回避財への支出の増加に伴い，一部の低所得者層が顕示財に切り替えることで，半一括均衡が出現する．高所得者の逸脱を招かない理由は，競争回避財の便益 α_H が十分に大きいがゆえに，より高額な顕示財によって予想所得を増加させるインセンティブを持たないためである．さらに価格が上昇した場合 (Case 1-3)，全ての所得層にとって競争回避財が割高となり，基本モデルと同様，顕示財による分離均衡が出現することになる．

2.3　競争回避財への選好が共有知識でない場合

　前節では，競争回避財への選好が共有知識である場合に注目し，タイプ α_L とタイプ α_H のそれぞれのゲームについて均衡分析を行なった．この結果をベンチマークとし，競争回避財の選好に関する情報の非対称性が均衡に与える影響を分析していく．前節とは異なり，観察者は各消費者の α を観察することができないため，消費者の「行動」のみを頼りに所得を予想する．この時，タイプ α_H と α_L の間で，観察者の所得予想を通した戦略的状況が発生する．この節では全てのタイプ (I, α) を考慮して，均衡を構成することになる．

　本節の分析においても，2.2.2 と同様，競争回避財の価格 p_e に応じて出現する均衡結果が異なる．以下の価格帯に分けて分析していこう．

Case 2-1　：$0 < p_e \leq Q_L$

Case 2-2　：$Q_L < p_e \leq Q_M$

Case 2-3　：$Q_M < p_e < Q_H$

Case 2-4　：$Q_H \leq p_e$

　Q_L, Q_M, Q_H は以下を満たす：

$$\log(I_L - Q_L) + \gamma I^* = \log(I_L) + \gamma I_L \tag{2.11}$$

$$\log(I_L - Q_M) + \alpha_H + \gamma I_c^* = \log(I_L) + \gamma I_L \tag{2.12}$$

$$Q_M < Q_H < p\tau(I_H) \tag{2.13}$$

ただし，$I_{\underline{c}}^*$ は $I_{\underline{c}} \in (I_L, \overline{I})$ に対し，以下の方程式にて定まる :[25]

$$I_{\underline{c}}^* = \frac{s}{s + (1-s)(F(I_{\underline{c}}^*) - F(I_{\underline{c}}))}\overline{I}$$

$$+ \frac{(1-s)(F(I_{\underline{c}}^*) - F(I_{\underline{c}}))}{s + (1-s)(F(I_{\underline{c}}^*) - F(I_{\underline{c}}))} \frac{\int_{I_{\underline{c}}}^{I_{\underline{c}}^*} I f(I) dI}{F(I_{\underline{c}}^*) - F(I_{\underline{c}})}, \qquad (2.14)$$

(2.11) 式の I^* は，(2.2) 式を満たす値であり，後に考察する通り，これが Case 2-1 の均衡における，競争回避財に対する予想所得となる．同様に，$I_{\underline{c}}^*$ は Case 2-2 における均衡の予想所得である．これらは，それぞれの均衡における，競争回避財を選択するタイプの条件付き期待値である．

I^* はモデルの外生パラメータから一意に定まるため，Q_L も (2.11) 式によって一意に定まる．しかし，$I_{\underline{c}}^*$ はモデルにおいて内生的に決まる値となるため，Q_M は (2.12) 式から一意に得られるものではないことに注意しよう．Q_H を含め，ここでは厳密な臨界点の存在や性質に踏み込むことはせず，それぞれの価格帯と，出現する均衡に注目して議論を進めていく．この詳細については，筆者が後に公開する英語論文も合わせて参照して頂きたい．

Q_L と Q_M の大小関係については，$I^* < I_{\underline{c}}^*$ となることに注意すると，(2.11)(2.12) 式より，$Q_L < Q_M$ が成り立たなければならない．[26]

以降の分析では，基本モデルとは異なり，顕示財競争の初期値が $(I_L, 0)$ とならないケースが出現する．そこで，所得 I_{init}，支出額 E_{init} を初期値（顕示財競争が始まる所得と支出額）とした場合の微分方程式の解（均衡支出額）を，便宜的に $p\tau(I|I_{init}, E_{init})$ と表し，基本モデルの均衡支出額 $p\tau(I)$ と合わせて，この表記を利用していく．

---

[25] $I_{\underline{c}}^*$ は，任意の $I_{\underline{c}} \in (I_L, \overline{I})$ に対し一意に定まり，$I_{\underline{c}}^* \in (I_L, \overline{I})$ を満たす．この証明は付録 2 と同様である．

[26] $I_{\underline{c}}^*$ を $I_{\underline{c}}^*(I_{\underline{c}})$ という $I_{\underline{c}}$ の関数と見た場合，$I_{\underline{c}}^*(I_L) = I^*$ だと分かる．ここで，陰関数定理を用いると，$I_{\underline{c}}^{*\prime}(I_{\underline{c}}) > 0$ が得られる．従って，$I^* < I_{\underline{c}}^*$ となる．

Case 2-1：$0 < p_e \leq Q_L$ の場合

さて，まずは価格がある水準よりも低い場合だ．ひとまず複雑な条件は置いておき，直感的に考えてみよう．α_H が十分に大きいという仮定の下，競争回避財の価格が十分に小さいケースでは，タイプ α_H の全ての消費者が競争回避財を購入すると考えられる．タイプ α_H の全員が競争回避財を購入することで，観察者は「競争回避財の購入者はタイプ α_H の平均的な所得者だ」という予想を形成する．すると，タイプ α_L の消費者にとって，競争回避財に興味はなくとも，それを購入することで，タイプ α_H の平均的な消費者だと観察者に予想される．観察者は各消費者の α を観察できないためだ．タイプ α_L の低所得者層にとって，低コストで実際よりも所得が高いと見なされる方策があれば，それは魅力的であるため，競争回避財を購入するインセンティブが生じる．一方で，タイプ α_L の高所得者層は，たとえ低コストで平均的な予想所得を得られる機会があったとしても，平均的な所得層だと見なされることは不満であるため，顕示財を用いた競争を続けることになる．以降の均衡は，このような動学的プロセスを描写するものではなく，上記はあくまで直感的な理解であることに注意して頂きたい．ではこのケースにおける均衡結果を見てみよう．

命題 6　α が共有知識でないとする．$0 < p_e \leq Q_L$ の時，以下を満たす半一括均衡が精緻化基準を通過する：

タイプ α_H : 任意のタイプ $I \in \mathcal{I}$ が競争回避財を選択する．

タイプ α_L : 任意のタイプ $I \in [I_L, I^*)$ が競争回避財を購入する．また，任意のタイプ $I \in [I^*, I_H]$ が顕示財を購入し，均衡における支出額は $E(I, \alpha_L) = p\tau(I|I^*, p_e)$ である．

図 2.7 に状況を描写してみよう．

54

図 2.7　α が共有知識でないケース：$0 < p_e \le Q_L$ での均衡

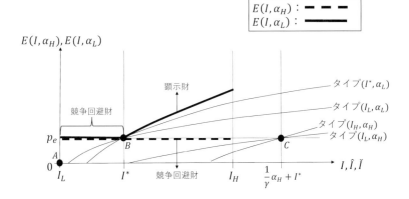

図 2.7 においては，タイプ (I, α_H) の行動を破線分，タイプ (I, α_L) の行動を線分にて描写している．全てのタイプ α_H の消費者に加え，一部のタイプ α_L の消費者も競争回避財を購入している．ではまず，均衡における競争回避財への予想所得を考えよう．観察者が競争回避財を選択する消費者に直面すると「この消費者は，タイプ α_H であれば $I \in [I_L, I_H]$，タイプ α_L であれば $I \in [I_L, I^*]$」という情報を得る．この時，競争回避財を選択する消費者の条件付き期待値を計算すると，

$$\frac{s}{s+(1-s)F(I^*)}\overline{I}+\frac{(1-s)F(I^*)}{s+(1-s)F(I^*)}\frac{\int_{I_L}^{I^*}If(I)dI}{F(I^*)} \qquad (2.15)$$

と求まる．[27] 期待値には，タイプ α_H への予想 $(\overline{I})$ に加え，タイプ α_L の低所得者層への予想 $\left(\frac{\int_{I_L}^{I^*}If(I)dI}{F(I^*)}\right)$ が反映される．さらに α_H と α_L のウエイトは，s と I^* によって特徴付けられている．競争回避財を選択するタイプ α_L にとっては，一定の確率で $\overline{I}$ だと見なされることが重要となる．彼らにとっては，$\overline{I}$ が大きな所得となるからだ．

---

[27] I と α が独立であることに注意.

　さて，この均衡が維持される上で，予想所得 (2.15) が，タイプ α_L における，競争回避財と顕示財の，行動の切り替わり所得（点 B）に位置していることが重要となる．つまり，予想所得が I^* と等しくなければならない．この時，タイプ α_L にとっての競争回避財の効用水準は，点 B で表され，競争回避財を選択するタイプ α_L の無差別曲線は，全て点 B を通ることになる．

　予想所得が I^* と等しくなければならない理由は，図から直感的に理解できる．例えば予想所得 (2.15) が切り替わり所得よりも小さい場合，タイプ α_L の消費者が，いくつかの顕示財水準に逸脱するインセンティブを持つ.[28] 逆に，予想所得が切り替わり所得よりも大きい場合，顕示財を選択する一部のタイプ α_L の消費者が，競争回避財に逸脱することになる.[29] 予想所得が切り替わり点に位置していることで，タイプ α_L の消費者の逸脱を招くことはない．このために，(2.2) 式を満たす I^* の存在が重要となるわけだ．

　ちなみに，基本モデルにおいては，このような半一括均衡は実現しない．なぜなら，一括行動をとる消費者たちへの予想所得は，彼らの所得区間における条件付き期待値であるため，必ずその区間の内点に収まり，逸脱が生じる.[30] 一方このモデルでは，競争回避財を選択する集団の中に，タイプ α_L の集団とは別に，それよりも平均所得の高い集団（タイプ α_H の集団）が存在しているため，タイプ α_L による行動とは別の要因で，予想所得が上昇することになる．これが図 2.7 のような端点と予想所得の一致を可能にし，半一括均衡を支えている．

---

[28] 競争回避財よりほんの少しだけ高い顕示財を選択することで，予想所得を大きく改善することができる．点 B と無差別曲線をセットで左に少し動かすと，p_e よりも少しだけ高い顕示財支出への逸脱が確認できる．

[29] 支出を減少させた上で，予想所得を上げることができる．点 B と無差別曲線をセットで右側に少し動かすと，I^* よりも少し大きい所得層が，競争回避財へ逸脱することが確認できる．

[30] 直前で考察した，予想所得が切り替わり所得よりも小さいケースと同じ理由で逸脱が生じる．

　タイプ α_H の競争回避財に対する効用は，競争回避財の便益が追加されることで，点 C で描写される．タイプ α_H の無差別曲線は，全て点 C を通ることになる．また顕示財を選択するタイプ α_L の無差別曲線は，その包絡線として $p\tau(I|I^*, p_e)$ を形成する．ここでは，点 B を初期値とする微分方程式を解くことになるため，均衡支出額が $E(I, \alpha_L) = p\tau(I|I^*, p_e)$ となることに注意して頂きたい．

　均衡が維持されるための条件をいくつか確認しよう．まずタイプ (I_L, α_L) にとって，点 A よりも点 B を好む必要がある．この条件を与えるのが，$p_e \leq Q_L$ である．この時，タイプ α_H を含め，競争回避財を選択する全ての消費者が，点 A に逸脱する誘因を持たない．その上で，区間 $[0, p_e)$ における均衡経路外の顕示財支出について，精緻化基準を適用すると，$\hat{I} = I_L$ となり，これらの支出に逸脱するタイプも存在しない．また，タイプ α_H の消費者が得る効用水準は，点 C であるが，仮定 2 より，点 C は I_H の水準よりも右側に位置する．この時，任意のタイプ (I, α_H) が，他の顕示財に逸脱するインセンティブを持たない．最後に，顕示財を購入するタイプ α_L について，支出 $p\tau(I|I^*, p_e)$ は，点 B を初期値とする各タイプ $I \in [I^*, I_H]$ の効用最大化の結果であるため，彼らによる他の顕示財への逸脱は生じない．彼らの無差別曲線の包絡線が $E(I, \alpha_L)$ であることからも，競争回避財（点 B）へ逸脱するインセンティブもないと分かる．

Case 2-2：$Q_L < p_e \leq Q_M$ の場合

　Case 2-1 の状態から競争回避財の価格が上昇すると，タイプ α_L の低所得者層にとっては，たとえタイプ α_H の平均層に紛れ込むことができたとしても，競争回避財が割高となる．すると，タイプ α_L の最下層の消費者から順に，競争回避財を諦め，顕示財の購入へと切り替えていくことになる．このケースでは，次のような均衡が出現する．

命題 7　α が共有知識でないとする．ある Q_M に対し，$Q_L < p_e \leq Q_M$ の時，ある $I_{\underline{c}}$ が存在し，以下を満たす半一括均衡が精緻化基準を通過する：

タイプ α_H：任意のタイプ $I \in \mathcal{I}$ が競争回避財を選択する．

タイプ α_L：任意のタイプ $I \in [I_L, I_{\underline{c}})$ が顕示財を消費し，均衡における支出額は $E(I, \alpha_L) = p\tau(I)$ である．また，任意のタイプ $I \in [I_{\underline{c}}, I_{\bar{c}}^*]$ が競争回避財を購入する．さらに，任意のタイプ $I \in [I_{\bar{c}}^*, I_H]$ が顕示財を購入し，均衡における支出額は $E(I, \alpha_L) = p\tau(I|I_{\bar{c}}^*, p_e)$ である．

図 2.8 に描写してみよう．

図 2.8　α が共有知識でないケース：$Q_L < p_e \leq Q_M$ での均衡

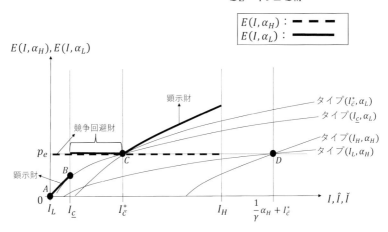

まず，$Q_L < p_e$ であることから $\log(I_L - p_e) + \gamma I^* < \log(I_L) + \gamma I_L$ が成り立つため，タイプ (I_L, α_L) とその周辺のタイプが，Case 2-1 の均衡から逸脱することが分かる．[31] その結果，区間 $[I_L, I_{\underline{c}})$ のタイプ α_L の

---

[31] $\log(I_L - p_e) + \gamma I^*$ は，Case 2-1 におけるタイプ (I_L, α_L) の均衡利得である．

消費者が，顕示財に落ち着いている．ここで，同じタイプ I_L であって
も，タイプ α_H については，競争回避財の便益が存在するため，タイ
プ α_L に比べて，逸脱を引き起こすような p_e の下限は，タイプ α_L より
りも高いことが分かる．この価格帯は，α_H の最下層が逸脱を引き起こ
さないケースであり，Case 2-1 と同様，タイプ α_H の全ての消費者が
競争回避財を選択している．

さて，競争回避財を選択した場合の予想所得（条件付き期待値）は，

$$\frac{s}{s+(1-s)(F(I_{\bar{c}}^*)-F(I_{\underline{c}}))}\overline{I}+\frac{(1-s)(F(I_{\bar{c}}^*)-F(I_{\underline{c}}))}{s+(1-s)(F(I_{\bar{c}}^*)-F(I_{\underline{c}}))}\frac{\int_{I_{\underline{c}}}^{I_{\bar{c}}^*}If(I)dI}{F(I_{\bar{c}}^*)-F(I_{\underline{c}})}$$

であり，これが切り替わり所得である $I_{\bar{c}}^*$ と等しくなければならない．
つまり，(2.14) 式の成立が必要である．エッセンスは，Case 2-1 と同じ
だ．予想所得が $I_{\bar{c}}^*$ であるため，競争回避財を選択するタイプ α_L の効
用水準は点 C，タイプ α_H の効用水準は点 D で表されている．

また，このケースでは，タイプ $(I_{\underline{c}}, \alpha_L)$ にとって，点 B と C が無差
別となる必要がある．これは，以下の式で表される．

$$\log(I_{\underline{c}}-p\tau(I_{\underline{c}}))+\gamma I_{\underline{c}}=\log(I_{\underline{c}}-p_e)+\gamma I_{\bar{c}}^* \qquad (2.16)$$

もし $(I_{\underline{c}}, \alpha_L)$ にとって (2.16) 式が満たされていなければ，Case 1-2
における切り替わり点の議論と同様に，効用関数の連続性から，$I_{\underline{c}}$ に
十分に近いタイプによる逸脱を招く．

ここで，切り替わり所得である $I_{\underline{c}}$ が変化すると，当然予想所得 $I_{\bar{c}}^*$ も
変化することに注目しよう．つまりこのケースでは，(2.14) 式と (2.16)
式を同時に満たす $I_{\underline{c}}$ と $I_{\bar{c}}^*$ によって均衡が特徴付けられる．この連立
方程式は，$I_{\bar{c}}^*$ を $I_{\underline{c}}$ の関数として (2.16) 式に代入することで，中間値
の定理を用いた 1 変数の議論に落とし込むことが可能である．その解
の存在が，条件 $Q_L < p_e \leq Q_M$ と紐づいている．込み入った議論にな

るため，詳細には踏み込まない.[32]

　最後に，各タイプの逸脱条件を簡単に見ておこう. タイプ (I_L, α_H) にとって，点 A よりも点 D を好む必要があるが，これは $p_e \leq Q_M$ により保証される. また均衡経路外の顕示財支出についても，これまでと同様の精緻化の議論が適用できる. タイプ α_H の消費者が得る効用水準は，点 D であるが，仮定 2 と $I^* < I_c^*$ より，点 D は I_H の水準よりも右側に位置する. この時，任意のタイプ (I, α_H) は，他の顕示財支出に逸脱するインセンティブを持たない.

Case 2-3：$Q_M < p_e < Q_H$ の場合

　価格が Case 2-2 よりもさらに上昇したケースを考える. この時，ついにタイプ α_H の最下層についても，競争回避財が割高となり，顕示財への消費に切り替えることとなる. 次のような均衡が出現する.

命題 8　α が共有知識でないとする. ある Q_M, Q_H に対し，$Q_M < p_e < Q_H$ の時，ある I_c', I_c'' $(I_c' < I_c'')$ が存在し，以下を満たす半一括均衡が精緻化基準を通過する：

タイプ α_H：任意のタイプ $I \in [I_L, I_c')$ が顕示財を消費し，均衡における支出額は $E(I, \alpha_H) = p\tau(I)$ である. また，任意のタイプ $I \in [I_c', I_H]$ が競争回避財を選択する.

タイプ α_L：任意のタイプ $I \in [I_L, I_c'')$ が顕示財を消費し，均衡における支出額は $E(I, \alpha_L) = p\tau(I)$ である. また，任意のタイプ $I \in [I_c'', I_c^{**})$ が競争回避財を購入する. さらに，任意のタイプ $I \in [I_c^{**}, I_H]$ が顕示財を購入し，均衡における支出額は $E(I, \alpha_L) = p\tau(I | I_c^{**}, p_e)$ である.

---

[32] 前述の通り，筆者は，より詳細な分析を英語論文として公開する予定である. 当論文も合わせて参照して頂きたい.

ただし, $I_{\underline{c}}^{**}$ は,

$$
\begin{aligned}
I_{\underline{c}}^{**} = & \frac{s(F(I_H) - F(I_{\underline{c}}'))}{s(F(I_H) - F(I_{\underline{c}}')) + (1-s)(F(I_{\underline{c}}^{**}) - F(I_{\underline{c}}''))} \frac{\int_{I_{\underline{c}}'}^{I_H} I f(I) dI}{F(I_H) - F(I_{\underline{c}}')} \\
& + \frac{(1-s)(F(I_{\underline{c}}^{**}) - F(I_{\underline{c}}''))}{s(F(I_H) - F(I_{\underline{c}}')) + (1-s)(F(I_{\underline{c}}^{**}) - F(I_{\underline{c}}''))} \frac{\int_{I_{\underline{c}}''}^{I_{\underline{c}}^{**}} I f(I) dI}{F(I_{\underline{c}}^{**}) - F(I_{\underline{c}}'')}
\end{aligned}
\tag{2.17}
$$

を満たす.

図 2.9 に描写してみよう.

図 2.9 α が共有知識でないケース：$Q_M < p_e < Q_H$ での均衡

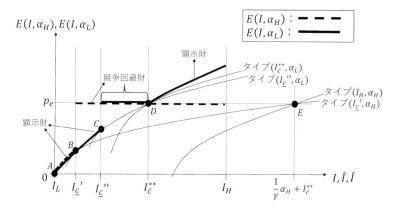

$Q_M < p_e$ となることで, $\log(I_L - p_e) + \alpha_H + \gamma I_{\underline{c}}^* < \log(I_L) + \gamma I_L$ が成り立ち, タイプ α_H の最下層が, Case 2-2 の均衡から逸脱することになる. 一方, Case 2-2 で考察したように, タイプ α_H の方が競争回避財へのインセンティブが強いため, タイプ α_H における顕示財から競争回避財への切り替わり所得 $I_{\underline{c}}'$ の方が, タイプ α_L の切り替わり所得 $I_{\underline{c}}''$ より小さくなっている.

　競争回避財を選択した場合の予想所得は，(2.17) の右辺と計算ができるが，これまでの分析と同様に，これが $I_{\bar{c}}^{**}$ と一致する，つまり (2.17) 式の成立が必要である．競争回避財を選択するタイプ α_L の効用水準は点 D，タイプ α_H の効用水準は点 E で表されている．

　さて，ここでは Case 1-2, Case 2-2 と同様の理由で，タイプ $I_{\underline{c}}'$ は点 B と E が無差別，タイプ $I_{\underline{c}}''$ は点 C と D が無差別でなければならない．ゆえに，以下の 2 式が成り立つ必要がある．

$$\log(I_{\underline{c}}' - p\tau(I_{\underline{c}}')) + \gamma I_{\underline{c}}' = \log(I_{\underline{c}}' - p_e) + \alpha_H + \gamma I_{\bar{c}}^{**} \qquad (2.18)$$

$$\log(I_{\underline{c}}'' - p\tau(I_{\underline{c}}'')) + \gamma I_{\underline{c}}'' = \log(I_{\underline{c}}'' - p_e) + \gamma I_{\bar{c}}^{**} \qquad (2.19)$$

　Case 2-3 では，(2.17), (2.18), (2.19) を同時に満たす $I_{\underline{c}}'$, $I_{\underline{c}}''$, $I_{\bar{c}}^{**}$ が，均衡を特徴付けることになる．解の存在について，まず $I_{\bar{c}}^{**}$ を $I_{\underline{c}}'$ と $I_{\underline{c}}''$ の関数として (2.18), (2.19) に代入し，2 本の式にまとめ，$I_{\underline{c}}'$ と $I_{\underline{c}}''$ の 2 平面を考える．(2.18) と (2.19) の違いが α_H のみであるため，仮に α_H がゼロであるならば，互いに対称な連立方程式であり，$I_{\underline{c}}' = I_{\underline{c}}''$ となるような解が存在する．直感的には，α_H の効果で片方のグラフが変化し，適当なパラメータ条件の下で，$I_{\underline{c}}' < I_{\underline{c}}''$ となるような解が存在するというものだ．[33] ここでも議論が込み入るため，詳細には踏み込まない．

　また，この解が存在するための p_e の上限は，$p\tau(I_H)$ よりも小さくなければならない．仮に，p_e が十分に $p\tau(I_H)$ に近い場合，図 2.9 における点 D が，十分に I_H に近い必要がある．つまり，$I_{\bar{c}}^{**}$ が十分に I_H に近いことになる．しかし，(2.17) 式より，これが成立するためには，$I_{\underline{c}}'$ と $I_{\underline{c}}''$ も十分に I_H に近くなければならないが，この時 (2.18) 式が満たされなくなる．[34] これにより，$Q_H < p\tau(I_H)$ となる必要がある．

---

[33] ちょうど対称なクールノー競争において，片方の限界費用が変化したようなイメージである．

[34] (2.18) 式において，p_e が十分に $p\tau(I_H)$ に近く，$I_{\underline{c}}'$ と $I_{\bar{c}}^{**}$ が十分に I_H に近ければ，（左辺）＜（右辺）となる．

Case 2-4： $Q_H \leq p_e$ の場合

十分に価格 p_e が上昇すると，Case 2-3 の均衡が維持できなくなる．まずは，タイプ α_L による競争回避財の購入が完全になくなると，直感的に理解できる．そのような価格の下限が，Q_H であると考えてよい.[35] これ以降の価格では，α が共有知識である場合の結果に帰着する．タイプ α_L の消費者は，分離均衡の結果に従い行動する．タイプ α_H では，価格が $Q_H \leq p_e < P_H$ の場合には，半一括均衡，$P_H \leq p_e$ の場合には，顕示財による分離均衡が実現する.[36]

この節の Case 2-3 までの結果を図 2.10 にまとめておこう．なお Case 2-4 は，α が共有知識である場合の結果と同様であるため，図は省略する．

α が共有知識でない場合の均衡について，エッセンスを簡単にまとめよう．まず競争回避財の価格が十分に小さい場合 (Case 2-1)，タイプ α_H の全所得層が競争回避財を購入することで，タイプ α_L の低所得者層（区間 $[I_L, I^*]$ の所得層）にとっては，競争回避財に内発的な興味はなくとも，その購入を通して，低コストでタイプ α_H の消費者に紛れ込むことが可能となり，競争回避財を購入するインセンティブが生じる．その結果，タイプ α_L において，半一括均衡が出現する．

競争回避財の価格が上昇した場合 (Case 2-2)，タイプ α_L にとって，たとえタイプ α_H の平均層に紛れ込むことができたとしても，一部の低所得者層（区間 $[I_L, I_c]$ の所得層）にとっては，競争回避財が割高となる．すると，Case 2-1 の状態に対し，タイプ α_L の最下層の消費者から順に競争回避財を諦め，タイプ α_L では，中間層のみが競争回避財を購入するような半一括均衡が出現する．

さらに価格が上昇した場合 (Case 2-3)，内発的に競争回避財を好むタイプ α_H であっても，一部の低所得層（区間 $[I_L, I_{c'}]$ の所得層）にとっ

---

[35] 明示的な分析でないことに注意.

[36] $Q_H < p\tau(I_H) < p_H$ であるため，$Q_H \leq p_e < P_H$ を満たす価格が存在する.

図 2.10　α が共有知識でない場合の結果

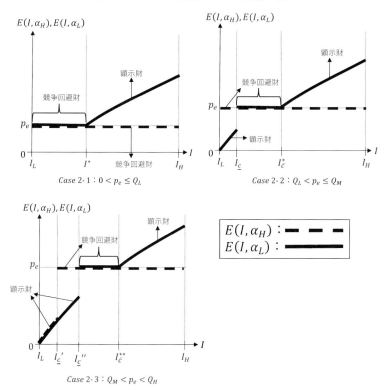

ては，競争回避財が割高となり，顕示財への消費に切り替えることに
なる．しかし，当然ながら同じ低所得者層であっても，タイプ α_H の
消費者の方が，タイプ α_L よりも競争回避財に対するインセンティブが
強いため，タイプ α_H の低所得者層の方が，顕示財を選択する層が少
なくなる ($I_{\underline{c}'} < I_{\underline{c}''}$)．

　さらに価格が上昇した場合 (Case 2-4)，ついにタイプ α_L のすべての
所得層が，競争回避財によって α_H の消費者に紛れ込むインセンティ
ブを失い，α が共有知識である場合と同様，タイプ α_L では顕示財によ
る分離均衡が実現することになる．

2.4 競争回避財と経済厚生

さて，前節までの分析結果を踏まえて，α が共有知識であるケースと，情報の非対称性が存在するケースを比較してみよう．以下では，α が共有知識である場合の均衡支出額を $E_{co}(I,\alpha)$, α に情報の非対称性が存在する場合の均衡支出額を $E_{as}(I,\alpha)$ で表す．

まずタイプ α_L の行動の変化に注目しよう．命題2より，任意の p_e に対して，$E_{co}(I,\alpha_L) = p\tau(I)$ である．また $E_{as}(I,\alpha_L)$ は，各々の p_e で均衡支出額が異なる．以下，各ケースを1つずつ考察しよう．なお，Case 2-4 においては，両者の結果は一致するため，以下では分析を行わない．

2.4.1 タイプ α_L の厚生：Case 2-1 との比較

$E_{co}(I,\alpha_L)$ と $E_{as}(I,\alpha_L)$ を図示すると，図 2.11 のようになる．

図 2.11 タイプ α_L の厚生：Case 2-1 との比較

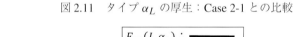

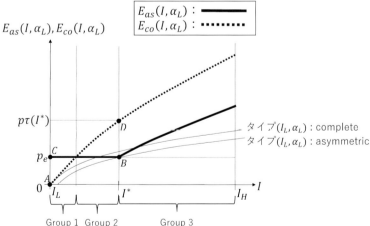

α が共有知識である場合の支出額 $E_{co}(I,\alpha_L)$ は，点線で表されたグラフであり，基本モデルにおける分離均衡の支出額と同じである．また，Case 2-1 におけるタイプ α_L の支出額 $E_{as}(I,\alpha_L)$ は，線分で表されている．

まず注目すべきは，$E_{co}(I,\alpha_L)$ が必ず線分 CB を通ることである．これを確かめるには，両ケースにおけるタイプ (I_L,α_L) の均衡の無差別曲線を描いて見ると分かりやすい．図 2.11 では，α が共有知識である場合の均衡の無差別曲線を complete, Case 2-1 における無差別曲線を asymmetric と付している．Case 2-1 の均衡が維持されるためには，タイプ I_L にとって，点 A よりも点 B を好む必要があったことを思い出すと，2 つの無差別曲線の位置関係が図 2.11 のように定まる．この時，$E_{co}(I,\alpha_L)$ が各タイプの無差別曲線による包絡線であることに注意すると，$E_{co}(I,\alpha_L)$ は必ず complete の上部に位置することになり，線分 CB を通過することになる．この点に注目し，各消費者の厚生を比較していこう．

Group 1 について：ステータス改善効果の表出

まず図 2.11 における Group 1 を確認する．このグループでは，α が共有知識である場合に比べ，α に情報の非対称性が入ると，均衡における支出額が増加する．一方で，彼らは競争回避財の購入によって，自身の真の所得よりも高い予想所得 I^* を獲得することができ，効用が改善する．競争回避財には，**ステータス改善効果**が存在している．これは，タイプ (I_L,α_L) にとって点 A よりも B が好ましい点と，単一交差性から確認することができる．[37]

---

[37] 数式でも確認しておこう．Group 1 の任意の I にとって，$p_e \le Q_L$ と $p_e > p\tau(I)$ に注意すると，$T(I) \equiv \log(I-p_e)+\gamma I^* - \log(I-p\tau(I))-\gamma I$ は，$T(I_L) \ge 0$ かつ $T'(I) > 0$ である．従って，Group 1 の任意のタイプにとって，$\log(I-p_e)+\gamma I^* \ge \log(I-p\tau(I))+\gamma I$ である．

Group 2 について：ステータス改善効果 & 費用削減効果の表出

Group 2 の所得層は，α が共有知識である場合と比較し，自身の真の所得よりも高い予想所得 I^* を得ている事に加え，均衡における支出額も減少している．競争回避財には，**費用削減効果**も存在することが分かる．この所得層が，いわゆる「競争回避」を実現している所得層だ．

Group 3 について：競争緩和効果の表出

Group 3 の所得層は，分離均衡が実現しているため，予想所得の改善は見られない．一方で，α が共有知識である場合と比べ，均衡における顕示財支出額が減少している．低所得者層（Group 1, 2）が競争回避財にて一括行動を起こすことで，タイプ I^*（顕示財競争における最低所得者）は以前よりも低い支出額（p_e）で競争に参加することになる．すると，後続の高所得者も，シグナルのため支出を低く抑えることが可能となり，全体として顕示財支出額の減少につながる．競争回避財には，こうした**競争緩和効果**も存在している．

技術的には，点 B と D を初期値とする初期値問題を考えてみるとよい．[38] 一般に，異なる任意定数 C に対する解の曲線は交わることがないため，点 D が点 B より上位に位置していることに注意すると，点 B を初期値とする解のグラフと，点 D を初期値とする解のグラフは交わることがなく，常に $E_{co}(I, \alpha_L)$ が上位に位置することになる．

2.4.2 タイプ α_L の厚生：Case 2-2 との比較

Case 2-2 について，図 2.12 に描写してみよう．

まず Group 0 については，α が共有知識である場合と同様であり，効用に変化はない．また，タイプ (I_c, α_L) にとって，点 B と C が無差別である点と，$E_{co}(I, \alpha_L)$ が各無差別曲線の包絡線であることから，$E_{co}(I, \alpha_L)$ は必ず線分 DC を通る．つまり，このケースにおいても，2.4.1 と同様

---

[38] 点 D を初期値とした特殊解と，点 A を初期値とした特殊解は一致する．

図 2.12　タイプ α_L の厚生：Case 2-2 との比較

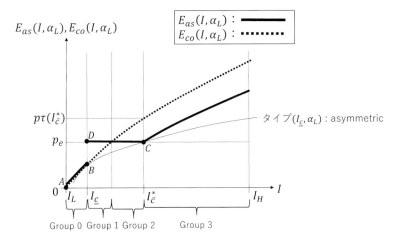

の所得分類による分析が可能であり，同様の効用改善効果が発生している．

2.4.3　タイプ α_L の厚生：**Case 2-3** との比較

Case 2-3 について，図 2.13 に描写してみよう．このケースは，切り替わり所得の大きさが違えど，2.4.2 と全く同じ構造である．Group 0 に変化はなく，Group 1, 2, 3 に効用改善が見られる．

競争回避財によるタイプ α_L の厚生改善

以上の分析から，選好に対する情報の非対称性によって，タイプ α_L の消費者の厚生が改善することが示された．これは，以下の 2 つのメカニズムを通して実現する．まず 1 つ目は，情報の非対称性によって，タイプ α_L の消費者は，競争回避財を購入する高所得者層に紛れ込むことが可能になる点だ．繰り返しの説明となるが，タイプ α_H の高所得者層が競争回避財を購入していることで，競争回避財に対する予想所得が高まる．その結果，タイプ α_L は，高い予想所得を求めて競争回

図 2.13　タイプ α_L の厚生：Case 2-3 との比較

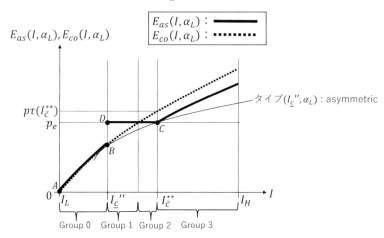

避財を購入することになる．彼らの中には，α が共有知識である場合と比べ，支出が増加する消費者（Group 1），と支出が減少する消費者（Group 2）の 2 種類が存在する．特に後者については，まさに本書のモチベーションをモデルの中で描写したものとなる．すなわち，「社会的ステータスを維持したまま，顕示的消費競争を回避し，費用を節約することができる人々」の存在を示したことになる．Group 1 については，積極的に社会的ステータスを追求する消費者が描写されている．競争回避財には，費用削減効果のみならず，低所得者層が，比較的手頃に社会的ステータスを高める手段としての，ステータス改善効果が存在している．

　また 2 つ目として，競争回避財が高所得者層における顕示財競争を緩和させる点だ．競争回避財がうまく機能する際には，低所得者層の行動の変化を通して，高所得者に対しても間接的に便益が及ぶ．この副次的な効果は，実証分析の観点から非常に興味深いものである．例えば，スマートウォッチにおける市場の拡大に伴い，高級腕時計の市

場が縮小する場合には，このメカニズムが 1 つの候補として考えられる．一方で，たとえ腕時計購入に関するミクロデータが存在したとしても，このような効果を識別することは，極めて難しいと言える．腕時計の購入動機に関わる選好に踏み込む必要があるからだ．ラボ実験やフィールド実験なども含めた，実証研究に対する挑戦的課題であると考えている．

2.4.4　タイプ α_H の厚生

　タイプ α_H にはどのような影響があるだろうか．ここで，各条件式から以下の関係を得ることができる．

$$Q_L < Q_M < P_L < Q_H < P_H. \tag{2.20}$$

　Case 2-1 について考えてみると，$0 < p_e < Q_L$ かつ $p_e < P_L$ であるため，情報の非対称性の有無によらず，タイプ α_H の全員が競争回避財を購入する．しかし彼らの効用は，α が共有知識である場合と比べ低下することになる．α が共有知識である場合の予想所得は $\bar{I}$ であるのに対し，Case 2-1 では I^* となり，$I^* < \bar{I}$ が成り立っているためだ．あえて図示すると，図 2.14 のようになる．

図 2.14　タイプ α_H の厚生：Case 2-1 との比較

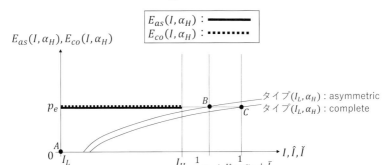

completeの方が右下に位置することが分かるだろう．これが引き起
こされる理由は，タイプ α_L の低所得者層が競争回避財を購入するこ
とで，予想所得が下がってしまうためである．タイプ α_H にとっては，
競争回避財の好みに関する情報の非対称性は，**ステータス低下効果**を
持つ．Case 2-2 も全く同様である．

Case 2-3 も見ておこう．差がわかりやすいよう，$Q_M \le p_e < P_L$ なる
p_e を考えてみよう．α が共有知識であれば，全員が競争回避財を購入
するが，情報の非対称性が存在する場合には，一部の低所得者層が競
争回避財を諦めることになる．図 2.15 のように描かれる．

図 2.15　タイプ α_H の厚生：Case 2-3 との比較（$Q_M \le p_e < P_L$ の場合）

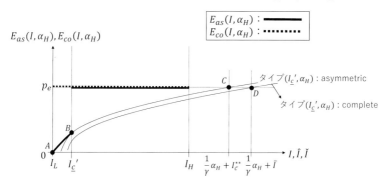

ここで，$I_{\bar{c}}^{**} < \overline{I}$ が成り立っている．もしそうでなければ，情報の
非対称性のあるケースにおいて，タイプ $I_{\underline{c}}'$ 未満のタイプが逸脱する
ことになる．[39] 先の分析と同様に，タイプ α_L による競争回避財の購入
が，予想所得の低下を招く．従って，競争回避財を購入する消費者の
効用は，α が共有知識の場合と比べて，低下している．さらに，予想
所得の低下により，競争回避財を諦める所得層が発生している．区間

---

[39] 例えば，$p_e < P_L$ より，タイプ I_L にとって，$\log(I_L - p_e) + \alpha_H + \gamma \overline{I} > \log(I_L) + \gamma I_L$
であるが，もし $I_{\bar{c}}^{**} \ge \overline{I}$ であれば，$\log(I_L - p_e) + \alpha_H + \gamma I_{\bar{c}}^{**} > \log(I_L) + \gamma I_L$ とな
り，タイプ I_L は Case 2-3 の均衡から逸脱のインセンティブを持ってしまう．

$[I_L, I_c']$ の消費者だ．情報の非対称性が，顕示的競争への参入を引き起こしていると言える．無差別曲線による包絡線と単一交差性から，彼らの効用も同様に低下していることが分かる．

　この章における結果をまとめておこう．

情報の非対称性によって競争回避財にもたらされる効果

〈タイプ α_L への効果〉

(1) **ステータス改善効果**

　　タイプ α_H の高所得者が競争回避財を購入するため，α_L の一部の所得層は，競争回避財の購入によって予想所得を高めることができる．

(2) **費用削減効果**

　　競争回避財の購入を通して，一部の所得層は，顕示財における競争と比べ，支出を節約することが可能となる．

(3) **競争緩和効果**

　　競争回避財が出回ることで，顕示財による競争を行う所得層は，顕示財への支出を減少させることが可能となる．

〈タイプ α_H への効果〉

(1) **ステータス低下効果**

　　タイプ α_L の低所得者・中所得者層が競争回避財を購入することで，競争回避財の購入に対する予想所得が低下する．これが時に，顕示財競争への参入を招く．

2.5 ディスカッション：政策的含意とその他の議論

2.5.1 政策的インプリケーション

競争回避財への選好に対する情報の非対称性は，α_L の消費者に便益をもたらす一方，タイプ α_H の消費者にとっては損失となりうる．このトレードオフを承知した上で，以下では，タイプ α_L の厚生の観点から，政策的含意を考えてみたい．

「競争回避財の嗜好層」の増加とパレート改善

まず，競争回避財を好む人々の割合，つまりタイプ α_H の割合 s が増加する状況を考える．例えば Case 2-1 の結果を用いて考えると，s の上昇は，予想所得 I^* の上昇を意味する．[40] この時，より多くのタイプ α_L の消費者による競争回避を可能にし，高所得者層におけるさらなる競争緩和が実現する．図 2.11 において，I^* が増加すると，Group 2 の所得区間が広がり，さらに顕示財競争のスタート所得が増加することで，顕示財支出の関数が下方にシフトすることが理解できるだろう．さらに，予想所得 I^* の上昇は，タイプ α_H のステータス改善にもつながる．従って，s の上昇は，消費者全体においてパレート改善を引き起こす．このモデルにおける s の上昇は，全所得者層の選好を高めることを意味するが，モデルの結果は，特に「高所得者層への PR」の重要性を示唆している．高所得者が好んで競争回避財を購入することが，上述の効果を引き出す上で効果的となる．

「競争回避財の嗜好層」および「選好の程度」に関する情報共有の重要性

モデルにおいては，s や α_H について，全消費者が正確に把握している状況を仮定している．しかし，「実際にどれくらいの人が，どの程度，

---

[40] 陰関数定理より，$\frac{dI^*}{ds} > 0$ を得る．直感的には，$\bar{I}$ へのウェイトが高まることで，I^* が上昇すると分かる．

競争回避財を好んでいるのか」という情報を，全体で共有することは
簡単でない．こうした情報が行き渡らなければ，競争回避財としての
機能を潜在的に持ち合わせる財であっても，その効果が表面化するこ
とはない．例えば「はじめに」で述べた「スモッグ・フリー・リング」
について，これを好んで利用する高所得者層が一定数存在していたと
しても，それを低所得者層が把握できなければ，競争回避財として購
入するインセンティブは付与されない．このためには「高所得者層に
好まれている」という情報を積極的に発信し，定着させる必要がある．
例えば，2019 年の 9 月 23 日（月）の産経新聞において，以下のよう
な記事があった．

木製の腕時計が売れている。きっかけは 8 月 21 日、河野太郎外相（当
時）が韓国外相との握手の際に身につけていた時計だ。「金時計をひけ
らかすな」とのツイッターの批判投稿を、「木製ですが、何か。」とリ
ツイートで瞬殺した河野氏。…（中略）…「とても軽いのと（中略）
手首のアトピーがひどくならないので、愛用中」とのコメントが共感
を集めた。使いやすく、デザインも実にさまざま。時計選びに楽しさ
が加わった。

　こうした記事は，競争回避財に関する情報を共有する上で重要だと
考える．「高所得者であっても，自身の健康や機能性を重視して利用し
ている」という事実が広く行き渡ることで，この木製の腕時計も競争
回避財になりうる．

2.5.2　その他の議論
α_H が小さい場合
　このモデルでは，α_H が十分に大きいケースを仮定した．一方で，分
析の中で述べたように，α_H が小さいケースでは，本書の均衡結果が精

緻化基準を通過しないことになる．その時，タイプ α_H において，中間所得層における半一括均衡が出現すると考えられる．高所得者層にて顕示財競争が行われるような，本書とは質的に異なる均衡が出現することになる．このような均衡では，高所得者層が競争回避財を購入しないため，予想所得が減少し，競争回避財の効用が低下する．α_H が大きい状況は，高所得者の競争回避財への需要を喚起し，高い予想所得を実現する．この観点から，α_H を高める，つまり競争回避財それ自体の価値を高める政策も重要となる．

競争回避財になりうる財と企業行動の基礎付け

筆者が競争回避財になりうる財として注目しているのは，「機能性の優れた財」「健康に配慮した財」「環境に配慮した財」である．すでに紹介した例で言えば，「機能性」についてはアップルウォッチ，「環境」についてはプリウスやスモッグ・フリー・リング，「健康」では，フィットビットや木製腕時計が該当する．また「健康」においては，肉や魚，卵など，動物性由来のものを口にしない「ヴィーガン（菜食主義者）」と呼ばれる人々にも注目している．近年，英国を中心に増加していると言われる人々だ．こうした人々が広く認知されることで，主に SNS 上に見られる「食」の顕示競争において，いわゆる「ヴィーガン食」が競争回避財になるのではないかと考えている．

ある特定の財に競争回避機能が付与される上で重要な点は，「その財が高所得者にとって需要があり，かつ，低所得者にとっても購入可能なもの」であることだ．高所得者に好まれることによって，その財に社会的ステータスが付与された上で，低所得者にとって手の届くものでなければ，競争回避機能は現れない．上記の財が競争回避財になると考える理由は，高所得者を含め，幅広い層に好まれるためだ．ある財が多くの所得層に選好される場合，企業はより幅広い層から需要を取り込むべく，比較的安価な価格設定を行うと考えられ

る．この時，高所得者からの需要と，低所得者層の購入可能性が両立
する．たとえ高所得者に好まれる財であっても，その財への需要が高
所得者のみであれば，企業は価格を吊り上げるだろう．この場合は，
競争回避財にはなり得ない．財に対する好みの分布の広さと，それ
に対する企業の価格設定のインセンティブが，競争回避財が出現す
る上で重要だと考える．本書では踏み込まなかったが，消費者の選
択の前段階に，企業行動のステージを導入し，さらに α の分布のバ
リエーションを考えることで，こうした分析が可能となる．競争回
避財に対する理解をさらに深めていくために，企業行動の分析が必
須だ．

2.6　付録 2：I^* の存在と一意性

(2.2) を満たす I^* が一意となることを示す．

証明　以下の関数を定義する．[41]

$$T(x) \equiv (s + (1-s)F(x))x - s\overline{I} - (1-s)F(x)\frac{\int_{I_L}^{x} I f(I)dI}{F(x)}, \quad (2.21)$$

ただし，$x \in [I_L, I_H]$ である．I^* は $T(x) = 0$ の解であるので，この方
程式における解の存在と一意性を示す．まず，$T(I_L) = s(I_L - \overline{I}) < 0$,
$T(I_H) = I_H - s\overline{I} - (1-s)\overline{I} = (I_H - \overline{I}) > 0$ であり，$T(x)$ は区間 $[I_L, I_H]$
上の連続関数であるため，$T(x) = 0$ となる x が存在する．また，解が
一意であるためには，任意の $x \in (I_L, I_H)$ について $T'(x) > 0$ となれば

41　厳密には，$x = I_L$ の時，$\frac{\int_{I_L}^{x} I f(I)dI}{F(x)}$ の値が定義できない．しかし，$\lim_{x \to I_L} \frac{\int_{I_L}^{x} I f(I)dI}{F(x)}$ $= I_L$ を考慮すると，$T(I_L) \equiv \lim_{x \to I_L} T(x)$ と定義しておくことで，$T(x)$ は $x = I_L$ の値をとり，かつ連続となる．これにより，後に用いる中間値の定理が問題なく適用できる．

良い．以下のように計算できる．

$$T'(x) = (1-s)f(x)x + (s + (1-s)F(x)) - (1-s)xf(x)$$
$$= s + (1-s)F(x) > 0$$

$\square$

おわりに

　本書では,「顕示的消費競争を回避する」というテーマの下,経済学における理論を構築した.モデル分析では,ある種の財の購入を通して「社会的ステータスを下げることなく,顕示的消費競争を回避し,支出を抑えること」が可能であることを示した.このいわゆる「競争回避財」には,低所得者層における社会的ステータスの改善効果や,高所得者層における競争緩和効果が存在することも示された.これらの結果を支えているのは,競争回避財への選好に対する情報の非対称性である.

　顕示的消費やステータス競争を考える上で,「情報」は重要なキーワードだ.モラルハザードや逆選択など,情報の非対称性は社会に損失をもたらし得るが,あらゆる情報を経済主体の間で正確に共有することが,常に望ましい帰結をもたらすとは限らない.本書で示されたように,むしろ不確実性の存在によって,過剰なステータス競争を回避することが可能となり,消費者の厚生改善がもたらされるケースも存在している.こうした,「不確実性」と「社会厚生」の関わりについて,ステータス競争の観点から,さらなる理論的・実証的な取り組みが必要であると考えている.

　本書のモチベーションが多くの人々に共有されることを切に願っている.ソーシャルネットワークの発達に伴い,他者の目から逃れ難い社会が加速していく中で,生きづらさを感じる人々をいかにして救うべきか,競争から便益を得る人々も考慮した上で,どのような社会システムが望ましいのか.現代を生きる研究者として,今後もこうした問いに挑戦していきたい.

参考文献

[1] Adriani, F. and Sonderegger, S. 2019. "A theory of esteem based peer pressure." *Games and Economic Behavior*, 115, 314–335.

[2] Bagwell, L. and Bernheim, D. 1996."Veblen effects in a theory of conspicuous consumption," *American Economic Review*, 86, 349–373.

[3] Bénabou, R. and Tirole, J. 2006. "Incentives and prosocial behavior." *American Economic Review*, 96, 1652–1678.

[4] Cho, I.K. and Kreps, D. M. 1987. "Signaling games and stable equilibria," *Quarterly Journal of Economics*, 102, 179–221.

[5] Corneo, G. and Jeanne, O. 1997. "Conspicuous consumption, snobbism and conformism," *Journal of Public Economics*, 66, 55–71.

[6] Dana, J, Weber, R.A, and Kuang, J.X. 2007 "Exploiting moral wiggle room: experiments demonstrating an illusory preference for fairness," *Economic Theory*, 33, 67–80.

[7] Exley, C.L. 2016. "Excusing selfishness in charitable giving: The role of risk," *Review of Economic Studies*, 83 (2), 587–628.

[8] Ireland, N. 1994. "On limiting the market for status signals," *Journal of Public Economics*, 53, 91–110.

[9] Mailath, G. 1987. "Incentive compatibility in signaling games with a continuum of types," *Econometrica*, 55, 1349–65.

[10] Mailath, G. and von Thadden, EL. 2013. "Incentive compatibility and differentiability: New results and classic applications," *Journal of Economic Theory*, 148, 5, 1841–61.

[11] Mandler, M. 2018. "Piracy versus Monopoly in the Market for Conspicuous Consumption," *The Economic Journal*, 128, 610, 1257–1275.

[12] Memushi, A. 2013. "Conspicuous consumption of luxury goods: literature review of theoretical and empirical evidences," *International Journal of Scientific & Engineering Research*, 4, 12, 250–255.

[13] Myerson, R.B. 1986. "Multistage games with communication," *Econometrica*, 54, 323–358.

[14] Sugaya, T. and Wolitzky, A. 2020. "The revelation principle in multistage games," *Review of Economic Studies*, forthcoming.

[15] Veblen, T. 1899. "The theory of leisure class: an economic study of institutions," London: Unwin.

[16] 澤木久之, 2015. 「シグナリングのゲーム理論」, 勁草書房.

[17] 「河野氏着用で注目　人に優しく個性的」, 『産経新聞』, 2019 年 9 月 23 日, 18 面.

著者紹介

濱田　高彰

2013 年　神戸大学経済学部卒業

2016 年　東京大学大学院経済学研究科現代経済専攻
　　　　　修士課程修了

2020 年　東京大学大学院経済学研究科現代経済専攻
　　　　　博士課程 単位取得退学

現在　　秀明大学総合経営学部 助教
　　　　神戸大学経済経営研究所
　　　　ジュニア・リサーチ フェロー
　　　　元・三菱経済研究所研究員

顕示的消費と競争回避財の役割

2021 年 3 月 15 日　発行

定価　本体 1,000 円＋税

著　　者　　濱 田 高 彰
　　　　　　(ハマ)(ダ)(タカ)(アキ)

発 行 所　　公益財団法人　三菱経済研究所
　　　　　　東 京 都 文 京 区 湯 島 4-10-14
　　　　　　〒 113-0034 電話 (03)5802-8670

印 刷 所　　株式会社 国 際 文 献 社
　　　　　　東 京 都 新 宿 区 山 吹 町 332-6
　　　　　　〒 162-0801 電話 (03)6824-9362

ISBN 978-4-943852-79-7